KB195379

애도의
심리학

애도의 심리학

발행일　2025년 1월 21일

지은이　양준석, 이지원, 심흥식, 김재경, 장현정, 김윤희
펴낸이　손형국
펴낸곳　(주)북랩
편집인　선일영　　　　　　　　　　**편집**　김현아, 배진용, 김다빈, 김부경
디자인　이현수, 김민하, 임진형, 안유경, 한수희　　**제작**　박기성, 구성우, 이창영, 배상진
마케팅　김회란, 박진관
출판등록　2004. 12. 1(제2012-000051호)
주소　서울특별시 금천구 가산디지털 1로 168, 우림라이온스밸리 B동 B111호, B113~115호
홈페이지　www.book.co.kr
전화번호　(02)2026-5777　　　　　　　　**팩스**　(02)3159-9637

ISBN　979-11-7224-474-3 03180 (종이책)　　　979-11-7224-475-0 05180 (전자책)

(주)북랩 성공출판의 파트너

북랩 홈페이지와 패밀리 사이트에서 다양한 출판 솔루션을 만나 보세요!

홈페이지 book.co.kr　•　**블로그** blog.naver.com/essaybook　•　**출판문의** text@book.co.kr

작가 연락처 문의 ▶ ask.book.co.kr

작가 연락처는 개인정보이므로 북랩에서 알려드릴 수 없습니다.

애도의
심리학

양준석, 이지원, 심흥식, 김재경, 장현정, 김윤희 지음

북랩

들어가며

– 떠나보내는 길 위에서

시간이 지나면 슬픔도 차츰 나아진다.
아니, 시간은 아무것도 사라지게 만들지 못한다.
시간은 그저 슬픔을 받아들이는 예민함만을
차츰 사라지게 할 뿐이다.

– 롤랑 바르트(Roland Barthes), 「애도일기」 중에서

우리는 흔히 '시간이 약'이라고 한다. 시간에는 망각의 힘이 있어 슬픔으로 괴로워하는 마음을 달래주는 효과가 있다는 말일 것이다. 실제 사람들은 상실과 사별 경험에 처해 있을 때 이 말을 떠올리며 슬픔을 달래고, 이 말에 의지해서 삶을 살아가기도 한다.

하지만 사랑하는 사람이 떠난 지 꽤 많은 시간이 흘렀어도 그날 그 시간에 멈춰 있는 사람들이 있다. 그 사건을 어떻게 이해하고 받아들여야 할지 모르니 그저 그 시간에 멈춰 있는 것이 당연할지도 모른다.

실제 우리는 살면서 다양한 사건들을 경험하지만 그중에 가장 영향력이 큰 사건이 상실과 사별 경험일 것이다. 특히 상실의 대상이 의미 있는 존재일 경우 그 영향력은 더욱 커질 수밖에 없을 것이다. 그 어떤 고통보다 심하고 힘든 상실과 사별 경험이 과연 잊자고 해서 잊히는 일이며, 다른 일들을 한다고 해서 묻힐 일인가. 이해할 수 없는 죽음 앞에서 유가족들은 눈앞에서 '사라졌을' 뿐 '죽었다고' 생각하지 않기에 애도조차 할 수 없는 심정일 것이다. 이처럼 상실과 사별 경험은 더 이상 자연스러운 과정으로 치부될 수 없으며 상실 경험에 따른 여러 증상들에 대해 치료적 요인들이 무엇인지를 발견하고 이를 근거로 다양한 개입이 필요하다.

현대사회를 위험사회(risk society)라고 한다. 과학기술의 발전과 기후변화로 인한 생태계의 변화, 코로나19 등 각종 동물-인간 감염병의 발생에 따라 대응이 불가능한 대규모 죽음이 언제, 어디서든지 상시화되는 사회를 살고 있기 때문일 것이다. 이렇듯 죽음이 상시화되는 사회에서 사별 경험은 우울, 외상 후 스트레스 장애, 불안장애, 자살 등 남겨진 이들에게 치명적이고 심각한 영향을 미친다. 특히 죽음을 충분히 애도할 수 없는, '빼앗긴 죽음'이라면 더욱 그러할 수밖에 없을 것이다.

아직도 우리 사회는 상실과 죽음에 무심하고 무지하다. 고인이 된 분들을 부끄러워할 이유가 없으며 고통받는 유가족을 탓할 일은 더욱더 아니다. "Hodie mihi Cras tibi(오늘은 내가 내일은 당신이)"라는 라틴어 격언처럼 죽음은 오늘은 내게, 내일은 당신에게 일어날 수 있는 일이 아니라고 누가 말할 수 있는가. 죽음이 가족과의 이별뿐만 아니라 공동체 구성원 전체와의 관계 단절을 의미한다면, 애도하는 문화가 점점 사라지고 은폐된 사회라면, 죽음은 더더욱 금기시되고 감춰질 수밖에 없을 것이다. 과연 이것이 건강한 사회라고 말할 수 있을까?

2001년 9·11 테러 후 세계무역센터 건물이 있던 자리에는 하늘 높이 솟은 빌딩이 사라진 자리에 물이 아래로 흘러내리는 두 개의 연못이 생겨났다. 마이클 아라드(Michael Arad)가 설계한 추모공원의 이름은 '부재의 성찰(Reflecting Absence)'이다. '의도가 있는 침묵, 목적을 가진 공백'을 목적으로 지어졌다고 한다. 연못의 외곽에는 희생자들의 이름이 새겨져 있는데, 고인을 추모하고 유족들의 아픔에 공감하는 사람들이 바친 꽃으로 가득 차 있다. 잃어버린 것을 잊지 않기 위해, 죽음에 대한 성찰과 연대의 마음으로 부재를 선택했고 그 부재가 슬픔을 나누고 삶으로 나아갈 수 있도록 만들어주는 것이 아닐까.

시간이 흐른다고 해서 자연스레 해결되는 문제가 아니다. 우리가 잃어버린 것이 무엇인지 그대로 드러내야 한다. 마땅히 있어야 할 존재가 부재한 상황에 대한 뼈아픈 성찰이 그 어느 때보다 필요한 때이다.

오늘날 우리 사회의 불행은 각자 자기 삶을 살아가느라 바빠 이웃의 아픔과 고통을 체감하지 못하는 데 있다. 그 어떤 보상이 이들의 비통함을 달랠 수 있을 것인가. 슬픔은 슬퍼함으로써 체험될 수 있기에 성급하게 덮으려는 시간을 멈추어 유족들의 마음에 공감하고 위로하며 고인들을 기억해야 한다. 이 과정을 통해 유족들뿐만 아니라 우리 또한 사람 사이의 유대와 신뢰를 경험하며 지금 여기에 발을 붙이고 살아가게 되는 것이다.

글을 탈고하는 시기에 일어난 무안공항 제주항공 참사의 유가족들이 적절한 애도를 충분히 할 수 있기를 바란다. 애도란 어떤 죽음에 상관없이 상실 경험에 존중을 표하는 일이며, 상실을 잘 겪어내기 위해선 건강한 애도 과정을 거쳐야 하는 것이다. 이 과정에서 진정한 애도의 의미를 되살리며, 삶의 존엄성처럼 죽음의 존엄성이 실현되기를 바랄 뿐이다. 또한 지금도 갑작스러운 상실과 사별에 힘들어하는 사람들에게, 삶의 의미를 재발견하고 마음의 공간이 새롭게 놓아지기를 간절히 바랄 뿐이다.

2025년 1월

양준석

목차

제3장 / 생애주기별 상실

제4장 / 상실과 슬픔 반응

제5장 / 특별한 슬픔 반응

제9장 / 슬픔 회복 방법

제10장 / 사회적 애도와 코뮤니타스

제1장

/

상실과 애도

모든 상실은 고통이다.

하지만 과거의 추억이

우리의 현재를 망가뜨리도록 내버려두지 마라.

– 안 앙설렝 슈창베르트(Anne Ancelin Schutzenberger), 「차마 울지 못한 당신을 위하여」 중에서

사랑하는 사람의 죽음은 남아 있는 이들의 삶을 근본적으로 바꾸어놓는다. 남아 있는 이들은 모든 것이 죽음 그 당시에 멈추어져 있다고 생각하지만, 일상은 여전히 관성대로 움직이고 있다. 그 사람이 어떤 사람이건, 고인과 관계를 맺었던 가족들은 사고든 질병이든 죽음으로 인한 상실 경험을 겪게 된다. 특히 어느 날 항상 그 자리에 있었던 사람이 이제 없다는 사실을 깨닫게 될 때 갑자기 그와 함께했던 추억과 기억들로 언제 끝날지도 모르는 애도의 여정으로 자신을 내몬다. 그리고 매일매일이 힘겨운 고통의 연속이 될 수 있다.

상실 치유의 격언 중에 'Loss is universal but our reactions are not'이라는 말이 있다. 사별 등 상실은 보편적이지만 슬픔은 그렇지 않다는 것이다. 상실 경험에 대해 슬픔을 느끼는 것은 자연스러운 반응이다. 하지만 문제는 우리는 상실감을 비정상적이고 부자연스러운 것이라고 받아들이도록 사회화되었다는 것이다. 상실감은 모든 감정 중에서도 가장 강력한 감정의 하나이면서 동시에 주변 사람들에게서 가장 잘못 이해되는 감정이라는 것이다. 또한 상실감은 어떤 한 상태가 변화하거나 끝나버림으로 인해 생기는 모순적인 감정이다. 예를 들면 가족 중에 한 사람이 오랜 기간 투병 중에 죽었다면 그 사람의 고통이 끝났고 간병의 괴로움에서 벗어났다는 측면에서 안도나 위안감이 생길 수 있다. 하지만 동시에 다시 한번 그 사람과 접촉할 수 없거나 만날 수 없음에 비통스런 감정을 경험하게 된다는 것이다. 이렇듯 상실감은 안도감과 비통스런 감정들이 혼재하는 모순적인 감정이다. 물론 이러한 감정은 죽음 말고도 이혼, 이사, 건강 문제, 퇴직, 법적 문제 등에서도 다양하게 경험될 수 있다.

1. 상실(Loss)의 유형

상실은 한 개인이 가진 어떤 것을 박탈당하는 것에 대한 정서적 경험이다. 이에 대해 연구자들마다 다양한 상실을 나눠서 다뤘다. 아치볼드(Archibald D. Hart)는 『숨겨진 감정회복』에서 구체적 상실, 추상적 상실, 가상적 상실, 위협적 상실 등 4가지로 나눴다. 마르틴 파도바니(Martin H. Padovani)는 『상처 입은 관계의 치유』에서 사랑하는 가족을 죽음으로 잃는 사별 상실, 이혼이나 우정이 깨지는 관계 상실, 가정에서 경험하는 상실, 사건 사고에 의한 상실, 생활 속의 상실, 삶에 필요한 상실 등 6가지로 나누었다. 이렇듯 상실은 죽음뿐만 아니라 다양하며 중복적으로 다가온다. 이러한 상실 경험은 매일매일 살아가는 우리들에게 영향을 줄 뿐만 아니라 어떤 상실 경험은 한 인격의 삶을 지배하기도 한다.

대부분의 상실 경험은 여러 유형이 섞여 있기 때문에 각 유형을 한 가지씩 따로 생각해보는 것이 도움이 된다. 우리는 생애 중 어느 순간에 어떤 종류의 상실도 경험할 수 있다. 그런데 어떤 종류의 상실들은 인생의 특정한 시기와 관련이 있다. 상실을 어떤 특정한 순서대로 경험한다고 말하는 것이 오해를 불러일으킬 수 있다.

대부분 사람들이 기억할 수 있는 상실은 다음과 같다.

첫째는 물질적 상실(loss of material)이다. 물질적 상실이란 우리가 중요한 애착을 갖고 있는 물리적 대상이나 친숙한 환경을 상실하는 것을 말한다.

둘째는 관계의 상실(loss of relationship)이다. 관계의 상실이란 다른 사람과 이야기하거나, 경험을 공유하거나, 접촉하거나, 화해하거나, 다투는 등 정서적, 신체적으로 함께할 수 없는 것을 말한다. 관계의 상실은 인간의 삶에서 피할 수 없는 불가피한 구성 요소이다. 이 경험은 멀리 이사 가는 것처럼 부분적인 상실일 수도 있고, 또는 남편의 죽음으로 인해 홀로되는 것처럼 전체적인 상실일 수도 있다. 특히 사별 경험은 다른 사람들과의 여러 가지 다양한 형태의 관계에 참여할 수 있는 기회를 박탈하는 것으로, 사별 경험은 일반적인 관계 상실의 가장 강렬한 형태라고 할 수 있다.

셋째는 심리내적 상실(loss of intrapsychic)이다. 심리내적 상실은 자기 자신의 중요한 정서적 이미지를 잃는 경험, 자신이 무엇인가가 되었을 수도 있는 가능성을 잃는 경험, 미래의 특별한 계획을 포기하는 경험, 그리고 꿈을 포기하는 경험들을 말한다. 심리내적 상실은 때때로 외적 경험과 관련되어 있기는 하지만, 전적으로 내적인 경험이다.

넷째는 기능적 상실(loss of fundtional)이다. 몸의 근육이나 신경계의 어떤 기능을 잃었을 때 강렬한 슬픔을 겪게 되는데, 이것이 기능적 상실이다.

다섯째는 역할의 상실(loss of role)이다. 어떤 특정한 사회적 역할의 상실이나 한 개인의 사회망(social network) 안에서 자신에게 익숙한 지위의 상실을 경험하는 것을 '역할 상실'이라고 한다.

여섯째는 체계의 상실(loss of systemic)이다. 체계의 상실이란 한 개인이 맺고 있는 다양한 체계를 말한다. 한 사람은 가족, 사회, 정부, 국가 등 다양한 체계 속에서 산다. 이 체제 안에서 다른 사람과의 강한 개인적 관계가 없을 때라도, 우리는 체계 내에서 수행되는 어떤 기능들에 의존하게 된다. 그러므로 이러한 기능들이 없어질 때, 또는 이 기능들이 제대로 수행되지 않을 때 개인적 구성원으로서뿐만 아니라 전체로서의 체계가 상실을 겪는다.

젊은 사람이 가족을 떠날 때 가장 일반적인 체계의 상실이 일어난다는 것은 놀라운 일이 아니다. 한 개인이 변하거나 또는 누군가가 가족을 떠날 때, 그 조직은 그 상실에 적응해야만

한다. 슬퍼하는 것을 어려워하는 가족이나 체계들은 그 조직이 동일하게 유지되도록 구성원들이 떠나거나 변화하는 것을 막으려고 한다.

이처럼 위에 언급한 여러 유형의 상실 외에 한 가지 이상의 상실이 뒤섞인 상실을 경험하기도 한다. 어떤 한 유형의 상실이 지배적이기는 하지만, 하나 이상의 상실을 겪게 되는 것이다. 예를 들면 남편이 죽고 혼자되는 것은 분명히 관계의 상실이다. 그러나 과부가 된 자신의 변한 사회생활에서 '홀로됨'은 역할의 상실까지를 포함한다. 그녀는 그의 공동체에서 더 이상 '누구의 부인'이 아니다. 만일 그녀가 생계를 걱정해야 하는 경우라면 물질적 상실까지 동시에 겪게 된다. 또한 그녀의 정체성이 '남편의 아내'라는 것에 두어져 있었다면, 그녀는 내적 심리적 상실 또한 겪게 된다. 이처럼 우리는 다양한 상실 경험을 하고 있다.

2. 상실의 여러 측면들

상실이 어떻게 경험되는가는 맥락과 상황에 따라 다양하며 또한 개인적 요인에 따라 다르다. 또한 상실 그 자체에 고유하게 들어 있는 다른 요인들도 있기에 상실에 따른 비탄과 슬픔의 예측 불가함이 증가되며, 또 이러한 요인들은 상실이 얼마나 다양한 방식으로 경험되는가를 강조한다.

첫째, 1차적 상실과 2차적 상실

1차적 상실은 죽음, 이별, 장애, 단절, 차별 등 정서와 감정적인 영역에서 순간적으로 표현하도록 반응하는 것을 말한다. 하지만 2차적 상실은 1차적 상실 이후에 나타나는 것으로 포기, 움츠림, 거리 두기 등 인지적 분석 결과와 계획 및 행동 절차에 따라 결정하는 반응이다.

둘째, 분명히 알 수 있는 상실과 알 수 없는 상실

분명히 알 수 있는 상실은 사랑하는 사람의 죽음, 이별, 이혼, 실직, 파산, 범죄에 의한 상해 등을 말한다. 명확하게 드러나지 않는 상실은 이사, 질병, 전학이나 선생님이 바뀜, 성공, 꿈이나 목표의 상실 등을 말한다.

셋째, 피할 수 없는 상실과 피할 수 있는 상실

피할 수 없는 상실은 임종, 이별을 해야만 하는 상황 등 보편적인 인간 경험의 한 부분으로서 살아야 하기 때문에 겪는 상실을 말한다. 그러나 어떤 특정한 상실들은 특별한 생활양식을 택해서 생기는 것이기 때문에 피할 수 있는 상실도 있다.

넷째, 일시적 상실과 영구적 상실

일시적 상실은 고통스럽지만 기능의 회복으로 상실 대상을 다시 회복할 것을 예견할 수 있거나, 회복되는 것을 말한다. 그러나 영구적 상실은 무엇인가가 정말 끝났다는 느낌으로, 상실 대상 없이 새로운 삶에 적응해야 하는 것을 말한다.

다섯째, 실제의 상실과 상상의 상실

실제의 상실은 물리적으로 일어난 것으로 심리내적 상실을 포함하는 것을 말한다. 하지만 상상의 상실은 상실이 일어나지 않은 상황에서 상실을 상상하는 것으로 '자기기만(self-deception)'을 내포한다.

여섯째, 예견된 상실과 예견되지 못한 상실

예견된 상실은 죽어가는 사람을 병마 중에 지켜보는 것처럼 상실이 실제로 예측되는 것으로 또 하나의 중요한 슬픔의 측면을 가져올 가능성이 있다. 그것은 지난 관계에 대한 화해의 시간일 수 있고, 잃어버릴지도 모르는 사람을 포함한 다른 사람들에게 자신의 고통을 표현하는 시간일 수도 있다. 하지만 사건, 사고처럼 전혀 예견되지 못한 상실도 있다.

일곱째, 떠나감과 남겨짐

떠나가는 사람은 많든 적든 죄책감을 느낀다. 어떤 사람들은 떠나가는 죄책감을 피하기 위해서 떠날 수밖에 없는 상황을 만들기도 하고 투사적 동일시처럼 주변에서 자신을 떠나가게 조정하기도 한다. 남겨진 사람은 자신들이 상처를 입었다고 말하며 떠나간 사람을 알게 모르게 비난한다. 그들의 의식 속에서 떠나간 사람은 떠나는 것을 선택한 것이며(죽음조차도) 버림받았다는 느낌만 존재한다.

여덟째, 나이와 관련된 상실

나이와 관련된 상실은 어린 시절의 꿈, 첫사랑, 짝사랑, 사춘기의 연애, 학교 졸업, 전학, 중퇴, 집을 떠남, 청춘의 상실, 아름다움의 상실, 성욕의 상실(혹은 기능의 저하), 폐경, 은퇴 등을 말한다.

아홉째, 불확실한 상황과 관련된 상실

불확실한 상황과 관련된 상실은 천국과 지옥을 오가는 상실로 병원에서 진찰 결과나 시험 성적을 기다릴 때, 이혼 위기 부부, 배우자·연인·친구의 연락 두절, 심한 갈등의 연인들, 성사될 듯 말 듯한 사업 계약, 재판 소송 등을 말한다. 사실 '불확실한 상황'이나 '딱 꼬집어 말할 수 없는' 애매한 상태가 고통이 될 수 있다. 비록 희망이나 좋은 결과로 마무리된다 해도 그 상황이 반복될 수 있다면 어떤 방법을 통해서든, 마음의 상처를 치유하고, 성장하고, 다시 시작하기 위한 준비를 하는 것이 좋다.

3. 사별, 비탄, 애도

　고인의 죽음으로써 살아남아 있는 사람들이 겪게 되는 경험
과 관련된 대표적 용어가 '사별, 비탄, 애도' 등이다. 이 개념도를
정리하면 [그림 1]과 같다.

[그림 1] 사별, 비탄, 애도

　사별(bereavement)의 사전적 의미는 사랑하는 사람이 죽어서
이별하는 것이지만 영어의 'bereavement'는 '빼앗긴(shorn off),
완전히 찢어진(torn up), 박탈된(deprived)'의 의미로 자신의 지지
를 무시하고 무엇인가를 앗아가버리는 느낌, 강탈당하는 느낌
을 말한다. 즉, 사별이란 사랑하는 사람을 잃은 가족 구성원과
친구들이 그 사람의 죽음을 예측하는 것에서 시작하여 그 사

람의 죽음, 죽음 이후의 적응 등에서 겪게 되는 일련의 경험 전
체를 포괄하는 좀 더 넓은 의미로 정의되기도 한다(Christ,
Bonanno, Malkinson, & Rubin, 2003).

비탄(grief)은 사별로 인한 슬픔을 표현할 때 쓰는 말로 육체
적, 정서적, 심리적, 행동적, 관계적, 영적인 측면에서 다양하고
고통스러우며 복합적인 반응을 표현하는 말이다. 하지만 슬퍼
하는 마음을 표현할 때는 grieving이라고 한다(윤득형, 2015). 영
어에서 슬픔을 표현하는 말로 sadness, sorrow, grief가 있는
데 비교적 작은 상실에 대한 슬픔은 sadness, 좀 더 큰 상실은
sorrow로 죽음이 직접적 원인이지 않은 경우에 주로 쓰인다.
이에 비해 grief는 사별로 인한 개인과 관계적인 측면에서 위기
와 스트레스를 가져오는 감정들로, 사별 후 초기 1~2주 사이에
겪게 되는 여러 반응들을 포함하는 것으로서 다양한 방식으로
표현되기도 한다.

애도(mourning)는 영어의 'mourn' 동사에서 유래한 것으로
'불안해하다', '언짢아진다'라는 뜻이며 사별에 대한 충격, 비탄,
분노 등을 경험하는 반응으로 사회나 문화집단에서 수행되는
외적 및 공적이며 의식적인 표현과 행동을 말한다. 즉, 애도는
살아가면서 관계를 맺었던 의미 있는 대상의 사별로 인해 나타
나는 슬픔, 우울, 비탄 등의 반응을 외부로 표현하는 상태, 의

식 또는 관습으로 '개인은 상실한 대상과의 관계가 점차 변화하는 과정(김진영, 2010)'이며 이를 통해 새로운 환경에 적응해나가면서 성장을 도모하는 작업이다.

상실을 겪은 사람이 슬픔을 느끼는 것은 자연스러운 반응이다. 그러나 모든 상실과 사별은 잔인하리만큼 고통스럽고, 애도 작업은 아주 오래 걸리고 괴로울 수 있다. 상실감은 수많은 감정 중에서도 강력한 감정이다. 동시에 가장 오해받는 감정이기도 하다. 아마 상실감 안에 혼재되어 있는 모순성 때문이 아닌가 싶다. 예를 들면 가족 중 누군가가 오랜 투병 생활을 하다가 돌아가셨을 때, 그 사람의 고통이 끝났다는 위안과 간병의 괴로움에서 벗어났다는 안도의 마음이 찾아온다. 동시에 다시는 그 사람을 만날 수 없다는 비통함을 느낀다. 이렇듯 상실감은 상반된 감정들이 혼재하는 모순을 지니고 있기에 복합적이고 불명확한 감정을 느끼게 한다.

그렇다면 우리는 왜 이렇게 모순적인 감정을 느끼는 걸까. 모든 것은 변한다는 말처럼 상실감도 정상적인 변화의 한 과정일 수 있지만, 그에 대처하거나 적응할 준비는 미흡하기 때문이다. 상실감은 일종의 깨져버린 마음이다. 하지만 이성을 잃어버린 상태는 아니기에 대개 상실감에 이성적으로 대처하려 든다. 그러나 그 시도는 거의 실패하고 만다. 왜냐하면 이성적 대처는 상실감을 치료하는 데 적합한 도구가 아니기 때문이다.

상실감에 빠진 사람들에게 "슬퍼하지 말아라", "더 강하게 견뎌야 된다", "당신은 이 집안의 기둥이야, 흔들리면 안 돼!"와 같은 말은 이성적으로 이해가 되지만 상실감을 경험하고 있는 사람에게는 도움이 되지 않는다. 위로는커녕 상실감을 치유하고 회복하는 데 방해가 될 뿐이다. 이성과 감성이 모순적으로 반응하기 때문에 혼란스러움과 좌절감으로 인한 정서적인 고립에 빠질 수도 있다. 특히 우리 사회는 이성으로 문제를 해결하려고 하는 경향성이 강하기 때문에 상실 치유에 어려움을 겪는다.

제2장

/

대상 상실

가족은 한 개인의 근본적인 토대이며 한 사회의 기본단위로서 개인이나 사회에서 자기의 삶을 살아가는 데 핵심적인 역할을 하는 집단이다. 실제 가족이란 부부, 자녀, 형제, 부모 등으로 구성된 단위로서 정서적 유대, 보호와 지원, 공동의 정체성으로 통합된다.

그런데 이러한 가족관계에서 가장 심각한 위협이 가족의 사별 경험이다. 가족에서 사별 경험은 슬픔과 분노, 허탈감, 무력감, 우울, 죄의식, 거절 등의 부정적인 감정뿐만 아니라 경제적인 문제, 사회적인 위기를 가져오게 한다. 그리고 사별 경험을 생애주기 발달 과정의 어느 시기에 경험했는가에 따라 개인의 삶과 성장에 큰 영향을 미친다. 사별 대상에 따라 슬픔과 비탄의 정도가 다를 수 있는데 부모와의 사별, 배우자와의 사별, 자녀와의 사별, 반려동물의 상실을 중심으로 이를 정리하면 다음과 같다.

1. 부모와의 사별 경험

실제 부모님이 돌아가시면

이 세상은 완전히 다른 공간이 되기에

마음을 치유하기 위해 관심을 기울여야 한다.

- 문디(Mundy), 「부모님을 잃은 슬픔의 치유」 중에서

부모는 물질적, 정서적으로 자녀를 지원하고 자녀가 성장할 수 있는 안정된 가정환경을 제공하는 보호자이자 자녀의 모델이 되어주는 사람이다. 또한 부모는 자녀의 적절한 성유형화와 동일시의 대상이며, 사회 규범을 가르치는 역할을 한다. 가족의 중심으로서 부모는 형제들의 갈등을 해소하고 하나로 통합하는 역할을 해왔다.

뉴만(Neumann, 1972)은 어머니라는 존재를 모든 인간의 근원적이고 대지적인 존재요 한 개인의 정신이 태어나는 무의식의 대상으로 보았다. 실제 오랜 시간 동안 인류에게 각인되어 있는 어머니상은 자녀들의 성장에 필요한 정서적 충족을 줄 수 있는

중요한 존재이며, 애정적인 역할을 제공하여 가족관계를 부드럽게 하고, 정서적 긴장을 감소시켜 집단체로서의 단합과 안정을 도모하고, 딸에 대해서는 여성 역할의 모델이 된다고 하였다. 또한 어머니의 역할이 자녀의 정서적 대응 적응, 행복감의 결정과 관계가 깊은 것으로 나타났다.

그런데 이러한 어머니와의 사별 경험은 가족들이 중심을 잃고 유대관계가 흔들리는 상황을 초래한다. 문디(Mundy)는 '어머니가 떠났다는 것은 자녀들의 성공을 가장 기뻐하고, 실패했을 때 가슴 아파하는 울타리를 잃었다는 것을 의미한다'라고 하였다. 또한 '자녀들 간의 문제나 어려움이 있을 때 어머니는 이를 중재하고 해결하려고 노력하지만, 어머니가 떠나고 나면 어머니 앞에서 화해할 기회가 사라졌다는 것을 의미한다'라고 하였다. 이처럼 어머니의 상실이란 자녀를 연결하는 매체도 상실하게 되어 가족관계가 소원해지고 단절되는 부정적인 현상을 초래할 수 있다.

로전베그와 슈통-스미스(Rosenberg & Sutton-Smith, 1968)는 아버지라는 존재가 가족 내에서 사회와 가족을 연결하는 대표자로서 책임자 역할을 담당하고, 어머니는 애정 및 감정 문제를 담당하는 정서적 역할을 담당한다고 말한다. 즉, 아버지는 경제적 제공자이며 최종적 판단의 결정자이고, 또한 궁극적인 훈육의 책임자로서 외부 세상과 가정을 연결시킨다. 자녀로 하여금 장래 진로 계획을 설계하도록 하며, 자녀가 능력 있고 자립적인 성인이 되도록 하는 역할과 동시에 남아의 남성성 역할의 모델이 된다는 것이다.

이러한 아버지와의 사별 경험도 어머니의 사별 경험과 큰 차이가 없다. 하지만 아버지와의 정서적 교류가 많지 않기에 사별 경험 초기에는 정서적 표현이 제한되어 있다가 갑자기 아버지와 비슷한 연령대의 노인을 보면 슬픔이나 고통스러운 감정이 뒤늦게 찾아온다고 한다. 살아생전에 좀 더 따뜻하게 해드리지 못한 것에 대하여 죄책감에 시달린다. 자녀들은 서로 잘못한 것에 대하여 자책하거나 분노한다.

이처럼 부모와의 사별은 자녀에게 크나큰 상실감과 충격을 야기하는 외상 경험의 한 종류로서, 사별 이후에 경험하는 애도의 과정에는 상실감과 홀로 남겨진 자신을 받아들여 변화된 삶을 새롭게 꾸리고 적응해야 하는 데 오는 분노가 내재되어 있다.

부모와의 사별에 미처 다루지 못한 갈등이 내재되어 분노의 감정이 표출되지 못한다면 우울의 반응이 병리적으로 나타날 수 있고, 애도로 인한 슬픔이 긍정적으로 극복되지 못한다면 불안, 위축 행동, 외상 후 스트레스 장애 등이 발생할 수 있다. 그러므로 부모와의 사별 경험을 애도하는 것은 매우 중요하며 필수적이다.

그런데 성인이 아닌 아동 청소년기에서 부모와의 사별 경험은 흔치 않고, 경우에 따라서 극복하기 힘든 트라우마로 남을 수 있는 특별한 사건이 될 수 있다. 특히 우리 문화에서 부모와의 사별 경험을 편견과 문제로 낙인화하는 경향이 있어 부모 사별 자녀들의 적응에 어려움을 겪는다. 즉, 아동 청소년의 일탈적 행동과 언행을 부모가 없어서 생긴 결과라고 보는 탓에 부모와의 사별 경험을 아동 청소년기 때부터 불편해하거나 숨기며 자라왔을 수 있다. 이는 결국 심리적으로 낮은 자아 존중감, 우울감, 삶의 의미와 희망 상실, 고통 등으로 나타날 수 있다.

물론 같은 형제라도 출생 순위, 성별, 부모와 애착 정도, 성장 환경, 서로가 기억하고 있는 내용과 감정에 따라 부모와의 사별 경험도 서로 다르기에 따라서 부모에 대한 기억과 추모를 표현하는 방식도 다를 수 있다. 어쨌든 부모의 살과 피를 이어받은 자식 된 입장에서 부모와의 사별 경험은 여러 영향을 미친다.

첫째, 부모와의 사별 경험은 현실적인 가족의 중심점이 사라지는 것이기에 부모 중심의 가족체계는 해체되고 사별 경험 이후 여러 내외적인 갈등으로 형제 간 가족관계를 단절시키거나 약화시키며 가족 갈등을 심화시키는 주된 원인이 된다. 물론 가족 중심의 제사 문화가 있는 형제들은 그 기능적 역할로 인해 부모 중심의 가족체계를 이어받기도 하지만, 갈수록 핵가족화하는 문화 속에서 기존 부모 중심의 가족체계는 다양한 변화를 맞이할 수밖에 없다.

둘째, 부모와의 사별 경험은 가족 내에서 마주하고 싶지 않았던, 현실적이면서 실존적인 죽음의 문제를 직면하는 계기를 경험하게 한다. 물론 자녀들은 누구나 죽는다는 사실과 생물학적 나이로 부모님이 먼저 떠난다는 사실은 분명하게 알지만 막상 부모의 죽음은 자신이 이에 대해 준비되어 있지 않음을 경험하게 한다. 그래서 부모의 죽음은 현재는 편치 않고, 과거와는 단절되며 미래는 내 차례라는 두려움을 경험하게 한다.

셋째, 부모와의 사별 경험으로 부모가 기존에 해왔던 역할에 대해 이제 형제들이 나누어 책임을 져야 하는 현실적인 문제를 경험하게 된다. 그저 부모에게 의지하며 의존해왔던 것들을, 어느 순간부터 이에 대한 상실로 인해 각자의 몫으로 책임지며 당당히 한 인간으로서 수행해야 하는 상황을 맞이하게 된다는 것이다. 이는 다른 측면에서 두렵고 버거운 일이기도 하지만 부모의 의존으로부터 벗어나 독립적이고 자유로운 존재로서 자리를 잡는다는 의미도 있다.

이처럼 부모와의 사별 경험은 한 존재의 근원을 상실하는 경험이고 이로 인한 상실감과 허탈감, 슬픔에 빠져들게 된다. 아무리 나이를 먹어도 부모 앞에선 누구나 아이일 수밖에 없기에, 남겨진 자로서 버림받음과 공황 상태를 경험하게 할 수밖에 없는 경험이다.

2. 배우자와의 사별 경험

짝을 잃어버린 회색거위는

잃어버린 짝을 찾기 위해

밤낮 쉬지 않고 먼 장소까지 날아다니고,

길을 잃기도 하고, 사고로 죽기도 하며

짝을 찾아 헤맨다.

- 로렌즈(Lorenz)

거문고와 비파의 조화로운 소리를 금슬(琴瑟)이라고 하듯이 좋은 부부를 이에 비유한다. 부부는 서로에게 없어서는 안 될 중요한 존재이며 모든 관계의 중심이 한 사람에게 쏠리는 관계로서 다른 사람에게 아무리 인정받는다 해도, 다른 사람과 아무리 친밀하다 해도 배우자에게 인정받지 못하고 배우자와 친밀하지 못하면 외롭고 공허함을 느낀다.

그런데 아무리 사랑하고 행복하려고 해도 여러 이유로 갈등을 겪으며, 서로 연결되어 부부로 살아오다가 한 사람이 죽음으로써 사별 경험을 한다. 배우자 사별 경험은 남아 있는 배우자의 일상생활에 많은 어려움을 가져온다. 끈끈한 정과 서로 의지하고 지지하던 버팀목이 어느 순간 사라져버리는 허망함은 부모나 형제자매의 상실과 또 다른 의미로 관계의 종결 그 이상의 의미를 가진다.

사실 사별 경험에서 정상적인 생활로 회복되는 것은 완전하게 정상 생활로 돌아온다기보다 '단지 사별에 익숙해지는 것일 뿐'이며, 삶의 일부분이고 인간 모두가 피할 수 없이 언젠가는 겪어야 할 죽음을 경험하는 것이다.

배우자와의 사별 경험은 다음과 같은 영향을 미친다.

첫째, 자기 자신과 관련된 심리적 문제로서 신체적 고통, 정서적 문제, 인지 능력 저하, 새로운 삶에 대한 갈등 등이다. 실제 배우자와의 사별은 매우 고통스러운 사건으로, 심한 심리적 상처와 여러 부작용이 나타난다. 물론 배우자 사별은 배우자와의 관계, 결혼 만족도 등 부부관계의 질에 따라 달라질 수 있다. 사별 전 배우자와의 관계 만족도가 높고 정서적 친밀감이 높으면 더 높은 수준의 정서적 어려움이 있을 가능성이 있고 결혼 생활에 만족했을수록 사망 후 우울의 수준이 높아진다고 하였다(Stroebe et al., 2010). 또한 배우자 사별 경험에서 오는 분노, 죄책감, 슬픔 및 고독감은 정신적 부담과 신체적, 정신적 질병을 발생시킬 가능성을 높인다.

둘째, 경제적인 문제로서 특히 배우자와 사별한 여성은 불가피한 역할 재조정으로 인해 경제적인 어려움에 처할 수 있다. 여성과 남성의 배우자 사별로 인한 역할 및 지위 변화는 변화된 사회적 관계와 삶에 슬픔과 힘겨운 적응 기간을 겪게 한다. 배우자 사별 여성의 경우 경제적인 부분을 혼자서 책임져야 하는 부담감이 크지만, 고인이 된 남편의 재산 상속이 있거나 시댁, 친정의 도움이 있을 경우 그런 부담의 걱정에서 조금은 편안해질 수 있다. 젊은 사별 여성의 경우 자녀가 아직 어려 상속재산에 대한 법적인 소송은 많이 이루어지고 있지 않지만, 나이 많은 여성 사별자인 경우 상속재산에 대해 성인 자녀와의 법적 소송이 많이 이루어지고 있다.

셋째, 대인 관계적 문제로서 가족 간 역할 문제, 관계 갈등, 사회적 낙인, 사회적 역할 위축 등이다. 배우자 사별은 가정에서의 지위 변화와 자신의 역할 상실로 인한 가족 내 역할 구조와 가족 간의 관계에 심각한 도전을 제기함으로써 사회적 고립, 일상생활에서의 위축, 대인관계 문제, 가족기능의 문제를 야기할 수 있다. 특히 자녀 양육 등 자녀와의 관계에서 아버지에 대한 자녀의 부정적 인식과 반항적 태도를 경험하기도 한다.

넷째, 존재 의미와 관련된 실존적 문제로서 삶의 의미 상실, 절대자에 대한 원망, 고통과 존재 의미의 추구, 새로운 정체성 문제 등이 나타난다. 실제 배우자 사별 경험은 애착의 대상이자 사랑스런 인생의 동반자를 잃어버린 것 이상의 의미로 결혼 생활 동안 서로 간에 공유된 정체성(아내, 남편, 아들, 딸, 며느리, 사위 등)을 반영한 역할과 전통과 상호관계의 체계가 배우자의 죽음과 함께 이전에 규정된 자신의 정체성이 붕괴되는 것이다 (Moss & Moss, 1996).

이처럼 배우자 사별 후에 여성들은 현실적인 문제에 직면하여 이를 해결해야 하고, 배우자와 함께해왔던 역할을 포함해 삶의 모든 문제와 양성적인 성역할을 수행해야 하는 부담감을 떠안게 된다. 이는 삶의 변화된 역할에 실패할 경우 삶의 통제력을 상실하게 되는 원인이 되기도 한다.

그런데 중년 남성의 배우자 사별 경험은 '분리'인 반면, 중년기 여성의 배우자 사별 경험은 '자포자기'의 의미를 내포하는 정신적, 경제적, 사회적 무너져 내림의 의미로 간주된다(Stroebe & Stroebe, 1987). 이는 중년 여성에게 있어 오랜 시간 동안 수행해왔던 역할을 상실함으로 삶의 기반이 흔들리는 위기이며 발달과제를 달성하기 위한 안정적인 기반이 없어지는 것을 의미한다.

연구에 의하면, 노년기 배우자 사별은 초기 경험 시 젊은 시기에 사별하는 경우에 비해 슬픔의 강도가 덜하지만 젊은 사람들에 비해 노인들에게 있어서는 슬픔과 관련한 정서적, 신체적 고통이 경감되는 속도가 더 늦어진다고 한다.

또한 남편을 상실했을 때 부인의 경우 정서적, 경제적 및 사회적인 충격을 받게 된다. 남은 부인의 연령이 적을수록 주변의 유혹과 불안전한 요인들로 인하여 더 큰 상실감을 느끼게 된다. 상실감이 클수록 자녀들에게 언어 및 신체적인 폭력을 사용하기도 하고 우울증으로 이어질 수도 있다. 부인을 상실했을 때 남편은 정서적으로 큰 충격을 받으며 일상생활에서부터 부인의 빈 공간이 외형적인 면에서부터 나타난다. 연령이 많을수록 건강 영역부터 약해지기 시작하여 정신적·신체적으로 힘든 생활을 하게 되는데, 고령 남성이 혼자 생활하는 경우에는 위생적이지 않은 여건 속에서 흡연과 과도한 음주로 건강을 해치게 되며, 심할 경우에는 우울증을 앓게 되거나 고독사할 수도 있다.

그런데 배우자의 사별이 반드시 부정적인 영향을 끼치는 것만은 아니라고 한다. 오랫동안 배우자를 간병해온 경우 배우자가 사망함으로써 보살핌으로 인한 경제적, 신체적, 정서적, 지적인 의무에서 풀려날 수도 있다. 즉, 간병과 보호자의 역할에서 벗어남으로 새로운 정체성을 다시 주장하고 자신의 인생을 재정의할 수도 있다는 것이다. 하지만 배우자 사별 경험은 나이 듦에 따른 스트레스에 사별 고통이라는 또 다른 스트레스가 부가되는 것으로, 이에 대한 적절한 애도가 필요하다.

3. 자녀와의 사별 경험

남편이 자기만큼 슬퍼하지 않는 게 아니라

슬퍼하는 방법과 시간이 달랐고

아내 앞에서 슬퍼할 수 없었기에 몰래 운 것이다.

- 데비드와 낸시 구드리(David & Nancy Guthrie), 『상실의 아픔을 딛고 서다』 중에서

이 말은 자녀를 잃은 부모의 고통을 말로 표현할 수 없다는 의미도 있지만 자녀가 부모보다 먼저 죽으면 부끄럽고 수치스러운 일이라는 사회적 편견을 드러내는 말이기도 하다. 그러므로 사별의 고통과 더불어 사회적 편견에 대한 문제를 겪는 이중 고통의 의미를 담고 있는 말이다.

고사성어 중 단장지애(斷腸之哀)라는 말이 있다. 진나라 군대가 촉나라를 정벌하러 배로 이동 중에 병사 한 명이 어린 원숭이를 잡아 왔다. 어미 원숭이가 새끼를 구하기 위하여 강을 거슬러 100리(40㎞)나 쫓아왔지만 결국 죽고 말았다. 그런데 어미 원숭이가 너무 고통스럽게 죽어 있는 모습을 보고 배를 갈라보

니 창자가 끊어져 있는 것을 보고 유래된 말이다. 자식을 잃은 슬픔은 마치 창자가 끊어지는 아픔과 같이 고통스럽다는 의미이다.

유교의 고전에 부자유친(父子有親), 부부유별(夫婦有別)이라는 말이 있다. 이 중 부자유친은 자식과 부모 사이의 애착을 말하는 것인데 사별 경험 중에 가장 큰 슬픔이 자식을 잃은 부모의 마음일 것이다.

실제 자녀와 사별 경험을 한 유가족들은 다음과 같은 영향을 받는다.

첫째, 자녀를 상실한 유가족은 외상 후 스트레스 장애에 준하는 매우 극심한 심리적, 정신적, 육체적, 관계적 고통을 보여 준다. 갑작스러운 사고로 자녀들을 잃게 된 부모들은 두려움과 근심, 해리 증상을 보이고 이후의 삶은 평안도 안식도 없이 남은 것은 오직 고난뿐이라는 고백을 통해 심한 불안 증상을 나타낸다. 일상생활은 온통 뒤죽박죽이 되어버리고, 음식도 제대로 먹지 못하고 신음만이 터져 나오는 상태에서 온몸이 썩어 빠진 나무와 같다는 호소를 하기도 한다. 또한 부모가 자녀와 맺은 인연으로 기뻐했거나 소홀했던 점, 잘해주고 못해준 점, 혼내거나 나무랐던 점 등으로 죄책감을 가진다. 남은 자녀가 있는 경우에는 집착하기도 하며, 이로 인한 문제와 고통은 평생

이어진다. 대인관계에서도 주변의 편견과 시선에 억울함과 분노를 느끼며 단절과 소외를 경험한다.

둘째, 자녀를 상실한 유가족은 가족의 체계가 뒤흔들리는 경험을 한다. 자녀를 잃은 유가족은 불완전해지며 구성원의 역할에 커다란 변화를 겪게 되고 심지어는 가족 간의 관계가 황폐해지면서 가족은 해체될 수도 있다. 실제 자녀 상실 이후 부부관계는 급속도로 냉각해져 책임 소재를 배우자에게 돌리는 등 문제의 정도가 심각해져 이혼으로 이어지는 극단적인 선택을 하게 되는 경우도 있다. 이러한 경우 자녀를 잃은 고통에 이혼이라는 고통으로 견딜 수 없는 괴로움이 심각한 우울증으로 이어지기도 한다. 이는 자녀 상실 후 부모들은 더 이상 죽은 자녀의 부모로서의 정체성을 유지할 수 없기 때문이다. 사람들이 보는 앞에서 자녀의 이름을 부르며 격렬히 슬퍼하고 자신이 대신 죽기를 바라며 생존자로서의 죄책감을 드러내기도 한다. 이는 사회생활에서나 가족생활에서 자신의 지위나 역할에 치명적인 위기로 작동하기도 한다. 이와 같이 자녀의 상실은 부모로 하여금 자녀와 함께 죽는 경험이기에 자녀를 상실한 부모들은 극심한 고통 속에 놓이게 되므로 특별한 돌봄이 필요하다.

셋째, 자녀와의 상실 고통은 시간이 지나가도 잊히지 않고 가슴속에 쌓여 오랫동안 슬퍼하게 된다. 자녀가 떠나고 나면 부모는 보호해주지 못했다는 죄책감과 죄의식을 동시에 갖는다. 내 속에서 나왔기에 내 살이 떨어지는 아픔과 그 누구도 대신할 수 없는 고통을 받는다. 임신과 양육을 하면서 연결된 사랑이 단절되는 것은 순리에 역행하는 것이며, 꿈과 희망이 사라져 그리움과 안타까움, 소홀한 것, 무관심한 것과 잘못한 것만 기억된다. 자녀가 떠나고 없는 세상은 바뀌어 눈앞에 있는 모든 것을 부정하고 싶은 심정이며, 죽지 못해 사는 심정이라고 하였다. 이에 대해 최백만 등(2019)은 자녀를 먼저 떠나보낸 부모가 오랫동안 슬퍼하는 이유는 내가 죽으면 누가 슬퍼해줄지, 내가 죽고 나면 나를 기억해줄 가족이 없어진 것, 내가 늙으면 돌봄, 기념, 기억해줄 사람이 없어져 나의 흔적이 사라지는 것에 대한 안타까움, 내 핏줄이 끊어진 것 등의 본능 의식이 단절된 것에 대한 분노일 수 있다고 한다.

4. 반려동물의 상실 경험

반려동물과 사별했을 때의 슬픔은 자녀를 사별했을 때의 슬픔에 비견되곤 한다. 때론 반려인들조차 반려동물의 죽음 앞에서 자신이 이토록 심정적으로 무너지거나 강렬한 슬픔에 빠지게 될 줄 미처 몰랐다고도 한다. 이처럼 깊은 상실감과 고통을 이해하기 위해서는 반려인에게 반려동물이 어떤 존재였는지를 이해하는 게 전제되어야 한다.

대부분 반려인은 반려동물을 인간관계에서는 충족하기 어려운, 절대적이고 조건 없는 사랑을 주는 존재로 경험한다. 반려동물을 쓰다듬고 껴안고 있거나 눈빛으로 교감하는 순간에 말로 표현할 수 없는 정서적 교감과 위안을 얻곤 한다. 따라서 반려동물의 죽음은 자신을 있는 그대로 온전히 사랑해주었던 존재가 이 세상에 더 이상 존재하지 않음을 의미한다.

또한 반려동물은 먹이와 물과 산책 등 반려인의 돌봄에 전적으로 의지하기 때문에 반려인은 어린 자녀를 돌보는 양육자로서의 정체성을 가지고 있고, 반려동물의 죽음은 자녀를 잃은 것과 유사하게 경험된다. 특히 자녀는 시간이 지나면 성장하여 독립하나, 반려동물은 생을 마치는 순간까지 반려인의 보호와 돌봄이 필요한 영원한 아기로 경험된다. 실제로 반려동물을 쓰다듬거나 상호작용할 때 엄마가 어린 아기를 돌볼 때 나오는 애착 호르몬인 옥시토신(Oxytocin)의 분비가 증가한다는 보고가 있다. 이처럼 사람이든 동물이든 대상과의 애착이 강할수록 상실로 인한 고통이 깊은 것은 너무나 자연스러운 결과라고 할 수 있다. 특히 인간관계에서 깊은 상처를 입고 반려동물이 유일한 정서적 지지체계였던 개인의 경우 상실로 인한 타격과 심리적 고립감은 상상 이상으로 깊을 수 있다.

노인에게 반려동물의 죽음은 중요한 애착 대상의 상실과 함께 일상의 상실이 되기도 한다. 반려동물을 돌본다는 것은 일정한 시간에 먹이와 물을 주고 산책을 시키고 놀아주는 등의 규칙적인 돌봄 행동이 포함된다. 이러한 활동은 사회적 활동과 신체적 활동이 줄어드는 노인에게 중요한 일상이자 자기 가치감과 삶의 의미를 느끼게 하는 활동이다. 따라서 노인의 경우 반려동물의 죽음 이후 의미 있는 일상의 활동이 사라지면서 신체적, 심리적 건강상의 어려움을 겪을 가능성이 있다.

반려동물 사별로 인한 슬픔은 사람 사별과 다를 바가 없지만 이에 대한 사회적 편견이 존재하기에 반려인들은 애도에 어려움을 겪는다. "고작 개의 죽음 때문에 그렇게 슬퍼할 일이야?", "새로운 개를 입양하면 괜찮아질 거야"라는 반응 등 반려동물을 개별적이고 의미 있는 존재로 인정하지 않고 쉽게 다른 걸로 대체할 수 있다고 여기기에 '그 반려동물'이 반려인에게 어떤 존재였는지, '그 반려동물'의 죽음으로 인해 반려인이 삶에서 무엇을 상실했는지를 충분히 이해하지 못한다. 또한 이러한 사회적 편견과 몰이해로 때론 반려인도 자신의 감정에 대해 부적절함을 느껴 감정을 억압하거나 회피함으로써 애도가 지연되고 복잡해질 수 있다.

제3장

생애주기별 상실

바람 한 점 없는 날에도

내 마음은 흔들린다.

살고 싶어서.

- 이어령, 「눈물 한 방울」 중에서

생애는 한 사람이 태어나서 사망할 때까지 한평생의 기간을 말하며, 생애주기는 개인이나 가족의 생활에서 발생하는 커다란 변화를 기준으로 하여 사람의 생애를 일정한 단계로 구분한 과정이다. 생애주기 각 단계의 진행 순서는 개인이나 가족에 따라 정도의 차이는 있지만 일반적으로 비슷하다. 죽음을 보는 관점도 생애주기에 따라 달라지므로 사별 경험을 아동기, 청소년기, 성인기, 노년기로 나누어 각 시기의 사별 경험과 그에 따른 대처 방안을 살펴본다.

1. 아동기 사별 경험

에릭슨(Erikson)에 따르면 유년기는 신뢰성, 자율성, 주도성, 근면성을 포함하는 '특정한 발달적 과업'의 특징을 갖는다. 이 시기의 죽음 경험은 아동이 신뢰를 쌓고 있는 중요한 사람을 잃는다는 것이며, 이후 성인과의 신뢰 형성에 어려움을 겪을 수도 있다.

단계	시기	연령	특징
1단계	유아기	0~2세	신뢰감 VS 불신감 (희망 - 위축)
2단계	초기 아동기	2~4세	자율성 VS 수치심 (의지 - 강박)
3단계	학령 전기	4~6세	주도성 VS 죄의식 (목적 - 억제)
4단계	학령기	6~12세	근면성 VS 열등감 (능력 - 무력)
5단계	청소년기	12~20세	자아 정체성 VS 정체성 혼란 (성실 - 거부)
6단계	초기 성년기	20~40세	친밀감 VS 고립감 (사랑 - 배척)

7단계	장년기	40~65세	생산성 VS 침체기 (배려 - 거절)
8단계	노년기	65세 이상	통합성 VS 절망감 (지혜 - 경멸)

[표 1] 에릭슨(Erikson)의 심리사회적 발달 8단계

유아기 때는 어떤 경우라도 보살핌을 받을 것이라는 확신이 필요하다. 친숙한 얼굴에 반응하는 시기이다. 육체적, 정신적인 편안함을 갖도록 하는 것이 필요하다.

학령 전기 때는 자기중심성의 특징을 가지고 있으므로 자기의 잘못으로 죽음을 초래했다고 느낄 수 있으며, 죽음을 일시적이고 되돌릴 수 있다고 믿는 경향이 있고, 오줌을 싸거나 수면장애 등 퇴행을 겪을 수도 있다. 아이의 물음에 정확한 언어로 적절한 대답을 해주고 자신의 감정을 언어화해서 표현할 수 있도록 하는 것이 도움이 된다.

학령기 때는 죽음이 돌이킬 수 없다는 것을 대부분 이해하지만 자기나 가족에게는 일어나지 않는 일이라고 믿는다. 때로는 죽음을 나쁜 일에 대한 보복으로 보기도 하고 전염성이 있다고 믿을 수 있기에 악몽과 공포를 경험하기도 한다.

이러한 슬픔을 당한 아동은 같은 말을 되풀이하는 등 퇴행할 수도 있고 복통이나 두통 등 육체적 고통을 호소하기도 한

다. 또한 죽은 사람을 찾거나 죄책감을 느끼기도 하고 자존감을 잃을 수 있으며 집중력이 낮아지고 학업 수행 능력이 나빠지기도 한다.

이때 아동에게 정확한 정보를 제공하고 안심시키며 감정을 잘 표현할 수 있도록 돕게 되면, 죽음을 받아들이고 상실의 아픔과 함께 살아가는 방법을 배울 수 있다. 구체적인 방법으로는 메모리 책 만들기, 그림 그리기, 편지 쓰기, 아동과 가족을 위한 지지 그룹 만들기, 애도 과정에 아동을 포함해 감정을 표현하도록 돕고 함께 기억을 나누는 것 등이 있다.

2. 청소년기 사별 경험

청소년기는 정체성과 역할을 찾고 사회적 책임감을 함양하고 독립성 추구라는 발달 과업을 가지는 시기이다. 일반적으로 청소년은 죽음이 노인들의 문제이며 자신에게는 일어나지 않는 일이라 자신과는 상관없다고 생각한다. 그러나 심각한 염려와 불안에 직면하면 그 어느 연령대보다 자살 충동을 가장 많이 느낀다. 청소년은 죽음에 대해 진지하게 성찰하기보다 의도적으로 기피하고, 절망과 체념의 상황에서 죽음을 낭만적인 것으로 미화시키기도 한다.

이 시기는 죽음은 보편적이며 돌이킬 수 없는 자연스러운 현상이라는 것을 이해하기 때문에 죽음이 공포의 대상이 되기도 한다. 또 논리적인 추론을 하고 자유, 정의, 사랑과 같은 추상적인 원리를 이해할 수 있는 시기이므로 죽음도 추상적으로 이해한다.

죽음을 감정적, 인지적으로 이해하고 그들에게 중요한 사람들의 죽음을 슬퍼하지만 죽음을 잘 받아들이기에는 아주 불안정한 시기로, 애착 불안이 있을 때는 더 상처받기 쉽다. 이러한 상처로 인한 심리적인 타격은 음주, 흡연, 무면허 운전, 안전하지 않은 성관계 등을 수반하는 경우가 많으며 불안이나 우울증 및 섭식장애, 자해 행위와 같은 장애 증상의 위험성이 더 커진다.

초기 청소년들이 갖는 죽음의 개념은 부모와의 결별을 포함하지만, 중기 청소년들은 자기 죽음이 타인에게 미치는 효과에 초점을 맞추는 경향이 있으며, 후기 청소년들은 자신이 후세에 남기게 될 기억(유산)에 대한 고려가 개인적 죽음에 보이는 관심보다 커진다.

이 시기에는 죽음을 포함한 삶의 과정에서 일어나는 모든 것에 대처해나가는 방법들을 발견하게 하는 것이 필요하다. 교육을 통해서 도움이 되는 방법은 자아 직면과 가치 확인, 죽음의 정의와 판정, 자살, 사회적으로 용인된 죽음, 임종의 처리, 유족과 슬픔, 삶과 죽음 그리고 인간의 운명 등에 관한 내용이다.

3. 성인기 사별 경험

성인기는 생애주기에서 젊은 세대와 노인 세대의 중간 세대로 생물학적, 사회학적, 직업적, 가족 주기 등에서 확실한 변동이 일어나는 시기이다. 이 시기의 중요한 발달적 과업은 책임감의 이행, 능력의 확장, 성취, 생산성 등이며 관계 맺음을 소중하게 여기고 개인과 가족의 안전을 중요시한다.

초기 성인기는 직업과 가족을 형성하고 자신의 가치관을 구체화하는 발달 과업을 가지는 시기이다.

장년기는 사회적인 측면에서는 배우자 혹은 본인이 어느 정도 사회적, 경제적 지위 등에 있어 절정기에 달하였으나 더 이상의 성취보다는 퇴직이나 하강을 고려하는 시기로 이후 사회적 지위 및 경제적 능력이 감소해 허탈감 및 정체성의 혼란을 겪게 되는 시기이기도 하다(양준석, 2017).

이 시기는 대부분 죽음에 관해 회피적이고 자신이 죽을 것이라는 가능성에 대해서는 생각하고 싶어 하지 않는다. 하지만 갑자기 아프거나 심각한 부상을 경험한 경우, 다른 시기보다 더 죽음에 대해 격한 감정을 느끼는 시기이기도 하다.

또한 자기 인생에서 얼마만큼의 시간이 남아 있는지 집중적으로 생각하기 시작하는 때이기도 하며, 자녀는 독립과 결혼으로 분리가 시작되고, 그들의 부모는 나이 들고 사망하게 됨에 따라 죽음에 대해 다른 가족과 진지한 이야기를 나누게 되는 시기이기도 하다.

이 시기에 가족이나 친지, 친한 친구의 죽음을 맞이하게 되면 알코올 사용의 증가, 처방된 약물이나 불법 약물의 남용, 전문적 또는 직업적 수행 능력의 악화와 더불어 불안과 우울증의 징후가 나타날 수 있다.

죽음 대처 능력에 영향을 주는 요소는 사회적 책임감과 소득과 학력, 자녀와 어떤 관계를 맺고 있는지 등이 있다. 죽음 불안의 문제를 해결하고 죽음에 대하여 개방적이고 수용적인 태도로 변화시킬 수 있는 교육을 통해 죽음에 대한 두려움에서 벗어나 가치 있고 의미 있는 삶을 살 수 있도록 하고, 죽음으로 인한 어려움을 해결할 수 있도록 도움을 줄 수 있다.

이 시기는 죽음으로 인해 어려움을 겪을 수도 있지만 다른 한편으로는 역경을 겪은 후 성장을 할 수도 있다. 단순히 이전 수준의 회복이 아니라 적응 수준, 심리적 기능 수준, 삶의 자각 수준을 넘어서는 진정한 변화를 할 수 있으며, 자신에 대한 지각 변화와 타인과의 관계성 변화, 삶에 대한 철학의 변화, 영성의 변화 등을 가져올 수 있다.

4. 노년기 사별 경험

노년기는 인생을 정리하고 돌아보면서 삶의 의미에 대해 음미하려 노력하는 것이 중요한 시기이며 자아 통합이라는 발달 과업을 가지는 시기이다. 인간은 누구나 나이가 들면 신체적, 정신적 기능이 저하되어 질병을 경험하며 자연스럽게 죽음을 맞이하게 된다. 노화 현상은 누구에게나 일어나는 불가피한 현상이지만 생의 마지막 시기에 접어든 노인들은 이로 인해서 죽음에 대한 두려움을 가지게 되며, 이것은 성공적인 노화에 걸림돌이 될 수 있다.

노년기에 죽음이 중요한 애착의 유대를 방해하게 될 때 경제적 중압, 건강 악화, 외로움 및 그 이전에 겪은 다른 상실과 스트레스 요인들이 결합해 우울증 발생과 자살의 위험이 증가한다. 현재의 노인 세대는 과거에 비해 정규 제도권에서 교육받은 세대로 죽음 교육을 통해서 자아 통합의 기회를 가질 수 있다. 자신의 삶을 되돌아보고 평가하고 싶다는 자전적 의지가 점차 향상되고 있으며, 사회적, 개인적으로 많은 것을 이룬 만큼 그 성취감을 후대에 전하고자 하는 노인들도 증가하고 있다.

초고령기는 80세 이후로 에릭슨의 아내 조안 에릭슨(Joan M. Erikson)이 추가하였다. 자신이 이전까지 겪었던 단계와 비슷한 단계를 다시 거치는 시기이며, 삶에서 이질적인 요소들을 수용하게 될 때 노년의 초월에 이를 수 있다.

요즈음은 100세 시대라고 할 만큼 수명이 점차 늘어나고 있기에 본인의 죽음뿐만 아니라 애착 관계에 있는 사람의 죽음을 맞이하는 경우도 점차 늘어나고 있다. 노년기에 맞이하는 사별 슬픔의 특징을 보면, 오랜 결혼 생활을 해왔기에 상호 의존이 깊어진 상태여서 배우자의 죽음이 더욱 힘들다는 점과 죽어가는 친구와 가족의 숫자가 증가하는 다중상실을 겪게 되고 홀로 살 확률이 높아 고독하다는 점이다.

이럴 때 역할 적응을 잘할 수 있도록 돕고, 자조 집단 등을 활용하여 접촉하고 과거를 추억하되 새로운 삶의 기술을 습득하도록 하면 자존감을 높이고 자아 통합을 이루는 데 도움을 줄 수 있다. 생애주기에 따른 사별 경험과 적응은 비슷한 과정도 많지만, 모든 사람이 동일한 방법으로 사별을 애도하는 과정을 겪는 것은 아니기 때문에 각자의 발달 과정과 환경 및 능력에 적절한 방법을 찾아 진행해야 한다.

제4장

상실과 슬픔 반응

애도는 우리가 새로운 상태에
더 이상 적용시킬 수 없는 부분들을
털어내는 작업이다.

- 스테파니 에릭슨(Stephanie Ericsson), 「어둠 속에서의 동반자」 중에서

상실은 인간적 삶의 보편적 경험으로서 시간의 흐름 속에서
잊히기도 하고 또 다른 대상과의 애착으로 정상적 기능으로 회
복되기도 한다. 워든(Worden, 2008)은 상실의 고통과 그와 관련
된 행동들을 이해하기 위해 애도에 관심을 가져야 한다고 하는
데 그 이유는 과거의 경험 때문에 애도가 종결되지 않을 수 있
기에 현재 생활로 복귀하기 위한 도움이 필요하기 때문이라고
한다.

정신과 의사인 라자레(Lazare, 1979)는 종합병원 정신과 환자
의 10~15퍼센트는 미해결 사별 비탄 반응을 가지고 있고 지숙

(Zisook, 1985)도 통계적으로 17퍼센트의 사람들이 해결되지 않은 사별 비탄으로 고통을 호소하고 있다고 하였다. 실제 누구나 사별 경험은 삶의 기반을 뒤흔드는 극심한 고통과 위기를 초래하고, 애착으로 형성된 친밀감의 단절로 인한 고통뿐만 아니라 사별 이후 일상생활의 재적응 과정에서 상당한 스트레스를 불러일으킨다. 특히 생애주기에 따른 발달 위기와 사별 경험이 중첩되었을 때 사별 경험은 발달 과정에서 예측되는 사건이 아니었기에 다른 어떤 사건보다도 삶을 철저히 붕괴시키고 생애주기에서 가장 위협적인 사건이라 할 수 있다.

1. 비탄은 질병인가

워든(Worden)은 그의 저서 『애도 상담과 애도 치료』에서 엥겔(Engel, 1961)의 흥미로운 질문을 소개한다.

"Is grief a disease?"

엥겔(Engel)에 따르면 사랑하는 사람의 상실은 심각한 부상이나 화상을 입은 상태에서 당한 생리적 외상과 같은 정도의 심리적 외상이라고 한다. 실제 사별 경험은 대인관계에 대한 신뢰를 붕괴시키기도 하고, 세상과 미래에 대한 신념을 근본부터 흔들기도 한다. 심리적으로 여전히 상실된 대상을 향하는 현존감, 자신에 대한 죄의식과 무가치감, 우울과 실패감, 공허함과 무력감 등을 나타내며 신체적 고통과 사회적 관계에서도 문제를 발생시킨다.

이처럼 사별 경험은 매우 강력하고 복합적이기에 남겨진 사람들에게 신체적·정신적 건강, 특히 우울증이나 질병에 걸릴

위험성을 증가시킬 수 있으며, 그 정도가 심할 경우 심리적 외상(psychological trauma)이 되어 외상 후 스트레스 장애(PTSD)로 진전될 수도 있다. 또한 사회적으로는 가족 사별 경험으로 인해 경제적인 어려움, 자녀 양육에서의 어려움, 역할 상실로 인한 어려움, 변화된 생활양식에 적응해야 하는 어려움으로 인해 사별 스트레스를 겪게 된다.

따라서 사별 경험에 따른 문제로부터 정상적인 삶으로 회복되기 위해서는 일정한 시간이 필요하며, 애도 과정과 치료 과정을 동일한 것으로 간주할 수 있다. 이 과정 중에서 정상적이냐 병리적이냐의 개념을 애도의 과정에도 적용할 수 있는데 문제는 얼마나 많은 기능적 손상이 발생했느냐의 문제라는 것이다.

2. 다양한 비탄 반응

- **정상적 비탄:** 비탄의 강도나 지속 시간이 해당 문화적 전통 범위 내에 머물러 있을 때
- **복잡한 비탄:** 만성적 비탄, 연기된 비탄, 악화된 비탄, 위장된 비탄 등
- **해결된, 미해결된 비탄:** 비탄에서 회복에 초점을 둔 용어로, 비탄과 회복은 일정 기간 안에 해결될 수 있거나 해결되지 못한 비탄
- **감추어진 비탄:** 사별한 사람이 자신의 감정을 표현할 기회를 차단 혹은 부정당하는 사례
- **박탈된 비탄:** 사별한 사람이 사회적으로 인정받지 못하는 사례
- **예기적 비탄(anticipatory grief):** 실제 상실이 일어나기 전에 미리 시작되는 비탄 반응

3. 정상적 비탄 반응

사별에 대한 비탄 반응은 고인과의 애착 관계에 따라 슬픔의 강도가 달라진다. 또한 시간의 경과에 따라 그 고통의 강도가 희석되기도 한다. 물론 대부분의 사별자는 정상적으로 재적응할 수 있고 잘 대처하지만, 사별자의 20퍼센트는 전문적인 돌봄이 필요하다고 한다(Kissane, 2004). 이처럼 사별 경험을 밖으로 표현하고 드러내는 시간과 공간이 필요함에도 불구하고 현대사회에서 사별 경험은 장례식을 치르는 과정에서만 주어질 뿐, 사별 상실에 따른 감정과 기억을 표출하는 애도가 충분하지 않다.

애도란 사별 대상에 대한 슬픔과 그리움, 충격과 고통의 단계를 겪으면서 사별을 수용하고 다시 삶으로 재적응하는 과정을 말한다. 린데만(Lindemann, 1944)은 정상적 애도의 기간이 6~8주에서 2년 또는 그 이상이 될 수 있다고 하지만 보통 애도 과정은 6개월이 고비이며 1~2년 후에는 사별 경험에 대한 적응을 보인다. 여러 연구들이 3년 이내 사별자들을 대상으로 스트레스나 적응 자원에 대해 탐색을 하고 있다. 그러나 이는 평균적인 것으로 사람에 따라, 죽음의 형태에 따라, 죽은 사람과의 관계성에 따라서 그 길이는 더 길어질 수도 있고, 더 짧아질 수도 있다.

따라서 사별에 따른 비탄 반응은 다양하게 복합적으로 나타날 수 있기에 사별에 대한 반응을 아는 것은 매우 중요하다. 이러한 비탄 반응을 이해하는 것은 남겨진 가족의 상황을 더 잘 이해하고 돌보는 데 도움이 된다.

정서적 반응

① 슬픔

비탄 반응의 가장 일반적인 반응은 슬픔이다. 슬픔은 애착 대상의 상실에 대한 반응으로, 특히 사별 경험은 되돌릴 수 없는 영원한 이별이기에 그 슬픔과 상실감은 매우 강렬하다. 그중 비통(悲痛)함은 가슴이 찢어지고 창자가 끊어지는 듯한 고통스러운 슬픔으로 거대한 상실감과 허망함을 유발한다.

② 분노

분노는 사별에 대한 주요한 반응으로, 남겨진 자들에게 가장 혼란스러운 감정 중의 하나이다. 이 중 가장 위험하고 잘못된 방법 중의 하나가 분노에 대한 반전(反轉)으로 심각한 우울증이나 자살 행동이 나타나는 것이다. 클라인(Klein, 1940)은 고인에 대한 '당당함'이 유족들로 하여금 분노를 자기 자신에게 돌리거나 다른 가까운 대상들로 향하게 한다고 하였다.

③ 죄책감, 자책감

죄책감과 자책감은 죽은 사람에 대한 의무나 책임을 다하지 못한 자신의 잘못에 대해서 스스로를 질책하거나 징벌하는 의미를 지니는 감정이다. 죽음을 예방하기 위해 최선을 다하지 못한 것에 대한 책임감, 그의 죽음에 직간접적으로 영향을 미친 행위에 대한 죄의식, 그가 살아 있을 때 충분히 사랑해주지 못한 것에 대한 후회, 그가 죽어가는 과정에서 느꼈을 슬픔과 아픔을 충분히 위로하지 못한 것에 대한 미안함과 안타까움이 복합적으로 죄책감을 형성한다.

④ 불안

죽음 불안은 남겨진 사람들이 스스로 돌볼 수 없을 것이라는 생각에서 오는 것으로, 새로운 상황에 대한 적응 부담과 미래의 불확실성에 대한 불안을 경험하는 것이다. 또 다른 죽음 불안은 자신도 반드시 죽어야 할 뿐만 아니라 죽음이 언제든지 갑작스럽게 자신에게 찾아올 수 있다는 것을 자각함에서 온다.

이외에도 비난, 외로움, 피로감, 무력감, 충격, 그리움, 해방감, 안도감, 무감각, 멍함 등의 정서적 반응을 겪을 수 있다.

신체적 반응

사별의 비탄 반응은 다양한 신체적 반응으로 나타날 수 있다. 정서는 신체적 반응과 매우 밀접한 관계를 지니고 있으며 서로에게 영향을 미친다. 슬프기에 눈물을 흘리지만 눈물이 나오기에 슬플 수도 있다.

워든(Worden)은 애도 상담 중 관찰된 목록을 다음과 같이 제시하였는데 다음 목록은 병원이나 의사에게 진단을 요하는 증상이다.

• 윗배가 빈 것 같음

- 가슴이 답답하게 조임
- 목이 갑갑함
- 소음에 대한 과민반응
- 몰개인화(길을 걸어도 자신을 포함해 아무것도 진짜 같지 않은 느낌 등)
- 호흡곤란, 숨이 가빠지는 느낌
- 근육이 약해짐
- 에너지 부족
- 입안이 마름

　이 중 가장 대표적인 신체적 통증은 가슴이 찢어지는 듯한 흉통이다. 이와 더불어 위가 오그라드는 듯한 위통, 머리가 터질 것 같은 두통, 근육의 경직으로 인한 근육통 등이 나타날 수 있다. 또한 눈물이 쏟아지고 목이 메어 호흡이 불안정해질 뿐만 아니라 가슴이 답답하거나 터질 것 같은 느낌을 경험하게 된다. 가슴을 치거나 발을 구르고 소리를 지르는 행동으로 슬픔이 표출될 수도 있다. 또한 어지러움과 비현실감을 유발할 수 있다. 이는 흔히 사랑하는 사람의 죽음이 현실이 아니라 마치 꿈속에서 일어난 일처럼 비현실적인 것으로 경험되기 때문이다. 세상이 바뀐 듯한 낯선 느낌과 비현실감을 경험하는 동시에 멍한 상태에서 어지러움을 호소하거나 현실을 거부하는 육체적 표현으로 구토감을 느끼기도 한다. 이와 더불어 사별의 충격은 식욕의 변화, 무력감과 피로감, 안절부절못함, 불면증을 비롯한 다양한 신체적 반응으로 나타날 수 있다. 사별로 극심한 스트레스를 받게 되면 탈모, 소화기장애, 고혈압이나 심장질환, 뇌혈관장애와 같은 신체적 질병이 유발될 수 있으며 때로는 사망에 이르는 경우도 있다.

인지적 반응

사별 비탄 반응의 초기 단계에서 다양한 사고들이 나타났다 사라지지만 경우에 따라 집착하게 만들며 우울이나 불안을 촉발하기도 한다.

① 불신

'그런 일은 없었어. 무슨 실수가 있는 게 틀림없다. 이런 일이 있다니 믿을 수가 없다. 그런 일이 있었다는 것을 믿고 싶지 않아.' 이런 생각들은 죽음 소식을 들은 후, 특히 갑작스럽게 죽었다면 가장 먼저 떠오르는 경우가 많다.

② 혼란

사별 경험이 많은 사람들은 생각이 매우 혼란스럽거나, 생각을 정리할 수 없고, 집중하는 데 어려움을 겪거나, 일을 자주 잊어버린다고 한다.

③ 몰두

몰두는 고인에 대한 생각에 사로잡혀 있는 것으로 어떻게 하면 사별한 사람을 되돌릴 수 있을 것인가에 대한 강박사고를 포함한다. 때때로 몰두는 고인이 죽어갈 때 고통받았거나 죽어가는 이미지나 생각들의 형태를 취하기도 한다.

④ 현존감

현존감은 그리움의 경험에 대한 인지적 대응물이다. 사별 경험을 하는 사람은 죽은 이가 지금과 같은 시간과 공간의 영역에 있다고 생각할지도 모른다. 이는 특히 죽음 직후 확실하게 나타난다. 하버드 아동 사별 연구소의 보고에 따르면 애도 중인 아동들의 81퍼센트가 죽은 부모가 죽은 뒤에도 4개월 동안 지신을 지켜본다고 하였고, 이 경험은 66퍼센트 아동들에게서 죽은 지 2년이 지난 후에도 지속된다 하였다. 어떤 사람들은 이러한 현존감이 위안을 주었다고 하고, 다른 사람들은 그렇지 않았고 오히려 두려웠다고 했다(Worden, 1996).

⑤ 환각

환각은 환시나 환청 형태로 유족들에게 빈번하게 경험될 수 있다. 환각은 일시적 환영의 경험으로 사별이 일어난 후 몇 주 동안 발생하며, 일반적으로 더 어렵거나 복잡한 애도의 전조가 되지는 않는다. 이는 어떤 사람들에게 당황스럽지만, 어떤 사람들에게는 위로가 된다.

행동적 반응

사별의 비탄 반응은 다양한 행동으로 표현될 수 있다. 대부분의 사회에는 사별의 슬픔을 행동으로 표현하는 문화적 양식이 존재하기에 사별의 슬픔을 표현하는 행동적 반응은 개인마다 현저하게 다르다.

① 수면장애

사별 경험 초기에 수면장애를 자주 경험한다. 수면장애는 좀처럼 잠들기가 어렵거나 일찍 눈을 떠서 수면 시간이 모자라는

'입면(立眠)장애', 새벽 3~4시에 눈을 뜨는 '조조(早朝)각성', 잠이 얕게 드는 '숙면장애', 밤에 몇 번이고 눈을 뜨는 '중도각성' 등이 있다. 때때로 치료적인 개입이 필요하지만, 정상적인 애도 과정에서 스스로 교정된다.

② 섭식장애

사별 경험으로 섭식장애가 나타날 수 있는데 과식이나 절식으로 나타날 수 있지만, 절식은 흔히 애도 행동으로 자주 묘사한다.

③ 사회적 위축

사별을 경험한 사람들이 다른 사람들로부터 위축되거나 분리되고 싶어 하는 것은 대개 단기적 현상이며 얼마 가지 않아 스스로 교정한다. 사회적 위축은 신문이나 텔레비전을 보지 않는 것과 같이 외부 세계에 대한 관심의 상실을 포함할 수 있다. 일반적으로 사별의 슬픔을 경험하게 되면 행동이 느려지거나 활기가 없으며 일상생활에 대한 의욕이나 흥미가 감소한다.

이외에도 얼빠진 행동, 고인에 대한 꿈, 고인을 생각나게 하는 것 피하기, 탐색과 울부짖음, 한숨 쉬기, 쉼 없는 과잉행동, 울기, 특정 장소 방문이나 고인을 기억나게 하는 물건 지니기, 고인 관련 유품 간직하기 등의 행동을 보일 수 있다.

사회적 반응

사별의 비탄 반응은 사회적 행동으로 표출되어 대인관계와 사회적 활동에 영향을 미칠 수 있다. 사별한 사람의 성격이나 사회적 상황에 따라 사별의 슬픔은 다양한 사회적 행동으로 표현될 수 있다. 어떤 사람은 주변 사람들에게 과도하게 슬픔을 표현하며 의존적인 행동을 나타내는 반면, 또 어떤 사람들은 주변 사람들과의 접촉을 회피하거나 위축된 사회적 행동을 나타내기도 한다. 때로는 다른 사람들의 행동에 대한 과민성이 증가하여 그들의 사소한 행동에 섭섭함, 짜증, 분노감, 배신감, 무시당하는 느낌을 느끼면서 인간관계를 단절하거나 과도한 공격적 행동을 나타낼 수도 있다.

사별은 가족관계에도 영향을 미치게 된다. 가족의 사망에 대한 책임이나 유산 문제로 인해 가족 간의 불화가 야기될 수 있다. 또한 고인의 빈자리를 채우는 과정에서 가족 구성원들이 새로운 역할을 담당하고 수행하면서 가족 간의 갈등이 초래될 수 있다. 이 밖에도 사별은 사회적 적응에도 부정적인 영향을 미칠 수 있다. 직장인의 경우, 직장생활에 대한 의욕이 현저하게 감소하여 업무 성과가 저하될 수도 있다.

이처럼 사별 또는 비탄 반응은 다양한 형태로 나타날 수 있으며 사별한 사람의 삶에 커다란 영향을 미칠 수 있다. 특히 매우 강렬한 비탄 반응을 효과적으로 해소하지 못하면 신체 건강과 정신건강의 문제가 발생할 수 있으며 우울증이나 자살과 같은 심각한 결과를 초래할 수도 있다.

제5장

특별한 슬픔 반응

사랑을 알아간다는 것은

사랑할 권리를 내려놓을 줄 알아야 한다는 것.

그러니 인생을 살아간다는 것은

곧 죽음을 받아들여야 한다는 것.

– 엘리자베스 퀴블러 로스(Elisabeth Kübler-Ross), 『상실 수업』 중에서

    상실과 사별에 따른 반응이 정상적인지 병리적인지에 대한 해답은 명확하게 구분하기 어렵다. 왜냐하면 애도가 고인과의 관계 분리를 목적으로 하느냐 아니면 유대관계를 지속하느냐에 따라 달라지고, 개인차에 따라 애도 과정이 얼마나 오래 계속되는가 하는 물음에 대한 일반적인 대답은 존재하지 않기 때문이다. 실제 비탄 반응과 애도는 사별자의 특성이나 사랑하는 사람의 죽음에 대한 수많은 요인에 따라 패턴과 기간이 달라진다.

    물론 대부분의 사람들은 시간의 흐름에 따라 비탄의 고통이

감소하지만 특별한 사건과 경험에 따라 직선적으로 감소하는 것이 아니라 앞뒤로 지그재그로 동요하는 경우가 대부분이기 때문이다. 예컨대 암으로 자녀를 잃은 부모의 경우, 사별 후 1~2년 사이에 사별 증상의 78퍼센트가 감소했으나 2~3년 사이에 사별 증상이 다시 증가했다는 보고도 있다(Rando, 1983).

이처럼 사별에 따른 비탄 반응은 여러 변수에 의해 개인별로 큰 차이를 보일 수 있다. 어떤 사람들에게는 슬픔이 매우 강렬한 경험이지만, 어떤 사람들에게는 다소 온화하다. 어떤 사람들은 상실이 일어났을 때 바로 비탄이 시작되는 반면에 또 다른 사람들은 비탄이 지연되어 나타나기도 한다. 어떤 경우에는 슬픔이 비교적 짧은 시간 동안 지속되지만, 어떤 경우에는 영원히 계속되는 것처럼 보인다. 애도 작업을 위해선 다양하고 특별한 유형의 사별 반응에 대한 이해가 필요하다.

1. 복합적(병리적) 비탄 반응

사별은 삶에 있어 커다란 생활 사건이자 강력한 스트레스 사건이다. 그런데 위에서 보는 것과 같이 여러 요인들에 의해 비탄은 유족의 슬픔을 장기화하고 그들의 삶에 부정적인 영향을 미칠 수 있다. 사별이 과거의 미해결된 상실 경험과 연결되고 적절한 애도 과정이 이루어지지 못하면 부적응적인 비탄 반응이 나타날 수 있다(Lazare, 1979).

이러한 복합적(병리적) 비탄을 워든(Worden)은 4가지 유형으로 제시했다.

만성적 비탄 반응(chronic grief reactions)

만성적 비탄 반응은 슬픔의 지속 시간이 과도하게 늘어지거나 절대 만족하는 결론에 도달하지 않게 되는 것을 말한다. 여러 해 동안 사별을 애도했음에도 불구하고, 사별자 스스로 자신이 겪고 있는 슬픔의 반응들을 끝내지 못하고 있는 것이다. 사별 후 2년에서 5년 정도가 되었는데도 "나는 사는 것 같지 않아", "나에게는 아직 끝난 게 아니야", "다시 과거의 자신으로 돌아가기 위해 도움이 필요해" 같은 말을 하는 예이다.

지연된 비탄 반응(delayed grief reactions)

지연된 비탄 반응은 때로 잠재되거나 억눌린, 혹은 연기된 슬픔 반응으로 불린다. 이 경우 사별자는 사별 당시 어느 정도의 정서 반응을 겪었지만, 사별에 맞는 충분한 정도는 아니었던 것이다. 미래의 어느 날, 이 사람은 어떤 계기를 맞게 되거나 순간적으로 경험하게 되는 상실로 인하여 사별 슬픔의 증상과 마주하게 될 수 있다.

위장된 비탄 반응(masked grief reactions)

위장된 비탄 반응은 사별자가 자신을 힘들게 만드는 여러 증상을 경험하지만, 그것이 정작 상실과 연관된 증상이나 행동이라는 사실을 인정하려 하지 않는 것이다. 위장되었거나 억압된 슬픔은 두 가지의 일반적인 형태로 드러난다. 그중 하나는 신체적 증상으로 위장되는 것이고, 다른 하나는 정상에서 벗어나거나 부적응적 행동으로 위장되는 형태이다.

악화된 비탄 반응(exaggerated grief)

악화된 비탄 반응은 사별에 대한 슬픔과 비탄 반응이 지나치게 강렬해서 부적응적인 삶을 초래하는 경우를 뜻한다. 이들은 자신의 증상이 상실과 연관되어 있음을 자각하고 있으며, 이러한 경험들이 자신들을 과도하게 무능력하게 만든다는 사실에 치료를 받으려 한다.

- 우울증
- 불안 관련 장애(특정공포증, 사회공포증, 광장공포증)
- PTSD(외상 후 스트레스 장애)
- 조증

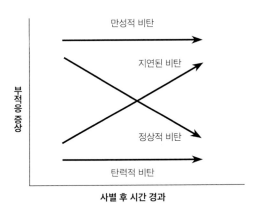

[그림 2] 증상과 시간 경과에 따른 비탄 유형

   프리거슨과 야곱(Prigerson & Jacobs, 2001)은 병리적 비탄과 정상적 비탄의 핵심적 차이는 비탄 반응의 강도와 지속 기간으로 본다.

   병리적 비탄의 첫 번째 특징은 비탄 반응의 과도한 강도로서 여러 증상들이 복합적으로 나타나는 증후군의 형태를 지닌다. 이러한 증후군은 사별의 고통을 감당하지 못한 채 고통에서 헤어나지 못하는 상태에 있음을 의미하며 지나친 슬픔, 과도한 그리움과 죄책감, 고인에 대한 부적절한 집착과 같은 다양한 부적응 증상들로 구성된다.

   병리적 비탄의 두 번째 특징은 비탄 반응이 과도하게 장기화되어 일상적인 적응에 심각한 장애를 초래한다는 점이다. 그러나 비탄 반응이 장기화되어 가정생활뿐만 아니라 직장생활, 사회생활 등 삶의 여러 측면에서 정상적인 활동을 하지 못하는 경우에는 병리적 비탄이라고 할 수 있다.

2. 지속성 복합사별 장애(DSM-5)

최근 DSM-5에서는 독립적 진단 기준이 되기 위해 추가 연구가 필요한 상태로 지속성 복합사별 장애(Persistent Complex Bereavement Disorder)의 제안된 진단 기준을 추가시켰다. 만약 비탄 반응이 지나치게 오랫동안 지속될 경우, 지속성 복합사별 장애를 겪고 있는 것은 아닌지 확인할 필요가 있다.

A. 개인은 친밀한 관계에 있던 사람의 죽음을 경험한다.

B. 죽음 이후 다음의 증상 중 1개 이상을 심각한 수준으로 경험한 날이 그렇지 않은 날보다 많다. 성인의 경우 이러한 증상이 12개월 이상 지속, 아동의 경우 6개월 이상 지속된다.
   1) 고인에 대한 지속적 갈망과 그리움
   2) 죽음에 대한 반응으로 강렬한 슬픔과 정서적 고통
   3) 고인에 대한 집착
   4) 죽음과 관련된 상황에 대한 집착

C. 다음의 증상 중 6개 이상을 심각한 수준으로 경험한 날이 그렇지 않은 날보다 많다.

죽음에 대한 반응적 고통
   1) 죽음을 수용하는 것에 대한 뚜렷한 어려움
   2) 죽음에 대해 믿지 않거나 정서적 마비를 경험
   3) 죽은 사람을 긍정적으로 추억하지 못함
   4) 죽음과 관련된 비통함 또는 분노
   5) 죽은 사람 또는 죽음과 관련하여 자신에 대한 부적응적 평가(예: 자기비난)
   6) 죽음을 상기시키는 것들에 대한 과도한 회피

사회적 정체성 붕괴
   7) 죽은 사람과 함께 하기 위해 죽고자 하는 소망
   8) 죽음 이후 타인을 신뢰하는 데 어려움
   9) 죽음 이후 혼자라고 느끼거나 타인들로부터 분리된다고 느낌
   10) 고인 없이는 인생이 무의미하거나 공허하다고 느낌. 죽은 사람 없이 자신이 적응적으로 기능할 수 없다는 믿음
   11) 인생에서 자신의 역할에 대한 혼란 또는 자신의 정체성에 대한 감소된 느낌
      (예: 자신의 일부가 고인과 함께 죽었다고 느낌)
   12) 죽음 이후 흥미를 추구하거나 미래를 위해 계획하는 게 어렵거나 꺼려짐

D. 장애가 사회적, 직업적, 또는 다른 중요한 기능 영역에서 임상적으로 현저한 고통이나 손상을 초래한다.

E. 애도 반응이 문화적, 종교적 또는 연령에 따른 기대 수준에 부합하지 않거나 과도하다.

[표 2] 지속성 복합사별 장애 진단 기준

3. 급성 비탄

급성 비탄(Acute Grief)은 린데만(Lindemann, 1944)이 사별 가족 연구에서 고안한 개념으로, 『급성 비탄의 증후학 및 관리(Symptomatology and Management of Acute Grief)』에서 급성 비탄의 특징으로 육체적 고통뿐만 아니라 고인에 대한 이미지와 부정적 감정, 행동 패턴에 주목하였다.

- 일정한 유형의 신체 또는 육체적인 고통
- 고인의 이미지에 대한 집착
- 고인 혹은 죽은 환경과 관련된 죄의식
- 적대적 반응들
- 상실 이전처럼 기능할 수 없음

이외에도 유족들의 행동에서 고인들의 생전 버릇들을 재현, 발달시킨다고 한다.

4. 박탈된 비탄

도카(Doka, 1989)는 애도자의 사회적 세계에서 인정되거나, 검증되거나, 지지되지 않는 비탄을 개념화하기 위해 '권리를 박탈당한 비탄'이라는 용어를 만들었다. 이 개념은 비탄이 애도에 대한 규범을 충족시키지 못한다는 것을 의미한다. 권리를 박탈당한 비탄은 감정 규칙을 어기거나, 규칙이 확립되지 않았거나 불일치하는 시기에 사는 것의 결과로 나타난다. 규범의 부재는 비탄을 느끼는 사람이 사회적 또래들에 의해 인정되지 않는 상실에 대해 슬퍼하는 것이 '허용'되는 것에 대해 불확실하게 만든다. 게다가, 비탄을 느끼는 사람들은 자신의 경험을 상실이라고 부르는 것이 심지어 '허용'되는지에 대해 궁금해하게 만들 수 있다.

도카는 권리를 박탈당한 비탄 유형을 다음의 5가지로 범주화했다.

- **관계가 인정되지 않는 비탄:** 게이와 레즈비언 관계, 비공식적 부부관계, 사회적으로 인정되지 않은 관계 등

- **사회적 규범에 의해 상실이 인정되지 않는 비탄:** 낙태, 입양을 위해 아이를 포기하는 것, 애완동물 상실 등
- **비탄을 경험할 가치가 있는 것으로 생각되지 않는 비탄:** 어린이, 나이가 많거나 발달 장애가 있거나 정확하지 않게 슬픔을 경험한다고 생각되는 사람 등
- **낙인이나 당혹감을 유발하는 비탄:** 죽음의 상황이 에이즈, 알코올 중독, 범죄, 또는 도덕적 실패의 결과로 간주되는 죽음 방식
- **비사회적으로 제재된 방식으로 표현되는 비탄:** 애도자가 너무 표현했었거나 충분히 표현하지 않았다고 생각되는 비탄 등

권리가 박탈된 비탄의 본질은 비탄에 빠진 개인이 비탄을 처리하고 건강한 방법으로 나아갈 수 있도록 사회적 지지와 공감 정도를 받지 못하고 있다는 것을 의미한다. 애도 작업의 핵심은 대부분의 사람들을 통해 적극적으로 고통을 처리하는 것이다. 그러나 많은 사람들이 거의 지지를 받지 못한 채 사회적 고립이나 거부로 인해 악화되는 고통을 겪고 있다. 이러한 경우 사건을 상실로 검증하고 슬픔 반응을 정상화하는 것만으로도 고통받는 사람은, 그렇지 않을 경우 발생할 수 있는 합병증 없이 상실 반응을 통해 생활로 적응할 수 있다.

5. 일시적 비탄 급증 반응

사별한 지 오랜 시간이 지난 후에, 다양한 상황에서 사별의 슬픔이 일시적으로 고조되는 현상이 자주 발생한다. 이 경우에는 초기의 비탄 반응과 유사하게 강렬한 슬픔이 밀려오게 되는데, 이를 후속적인 일시적 비탄 급증(Subsequent Temporary Upsurge of Grief: STUG)이라고 지칭한다. STUG 반응은 건강한 애도 과정에서도 종종 나타날 수 있지만 흔히 병적인 애도 반응의 일부로 더 자주 나타나는데, 두 가지 경우를 구분하기가 쉽지 않다.

사별자는 어떤 요인이 STUG 반응을 촉발했는지를 자각하지 못하는 경우가 많다. 일반적으로 기일, 명절, 추도 의식 등이 주기적으로 STUG 반응을 촉발하는 요인으로 작용할 수 있으며 사별자의 특별한 나이대, 경험, 전환 과정, 위기, 기억, 상실 경험 등도 STUG 반응을 촉발할 수 있다. 어떤 경우이든 STUG 반응은 애도 작업이 충분하지 않았다는 사실을 반영한다. 애도 과정은 매우 다양하고 변화무쌍한 양상으로 진행되기 때문에 상담자나 치료자의 개입이 필요하다.

6. 기념일 비탄 반응

기념일 비탄 반응이란 사별을 겪은 후 수년 혹은 수십 년에 걸쳐 주기적으로 비탄 반응이 나타나는 현상이다. 보통 생일, 명절, 기일 등 사별을 겪은 사람에게 중요한 날에 일어난다. 졸업, 결혼, 출산이나 특정한 나이에 도달했을 때 등 일생에 큰 변화를 겪을 때도 나타날 수 있다. 기념일 비탄 반응은 고인의 사망 원인과 유사한 신체적 증상으로 표출될 수 있다. 이를테면 고인이 심장마비로 사망한 경우 가슴 통증을 느낀다든가, 뇌종양으로 사망한 경우 두통을 느끼는 식이다.

한 정신의학자는 사별한 사람 중 약 3분의 1이 기념일 비탄 반응을 경험한다고 추정한다. 실제 애도자들은 기념일이 다가옴에 따라 우울증, 심장질환, 류머티즘성 관절염, 피부 발진, 편두통, 요통, 궤양성 대장염, 공포증, 자살 충동 등 극심하고 난해한 신체적, 정신적 증상을 보였다. 게다가 대부분 이들은 이와 같은 증상과 과거 사건 간의 시간적 연관성을 알아차리지 못했다. 의사가 특정한 날짜와 계절, 기간을 지적하여 애도자가 연관성을 의식하도록 돕는 경우 대개의 증상이 자연스럽게 해결되었다. 마치 환자의 신체가 정신적 억압을 그대로 드러내는 것 같았다고 한다.

제6장

/

애도 과정과 과업

우리는 그 암울한 길을 걷는 첫 번째 사람이 아니다.

우리가 결코 마지막 사람도 아님을 알듯이.

- 막스 로버트, 수잔 데비드슨(Marx, Robert J & Susan Davidson), 『궁극의 상실을 마주하기』 중에서

　애도 과정은 상실한 후에 나타나는 슬픔과 회복의 과정으로 자신이 처한 환경과 역할, 내면의 상태에 따라 그 경험의 깊이와 강도는 다르게 나타난다. 퀴블러 로스는 애도 과정에서 상실에 대한 부정과 고립, 분노, 협상, 우울, 수용의 단계를 거친다고 하였으나 각 단계는 여러 감정들이 섞여 있어 앞으로 갔다 뒤로 후퇴하는 등 왕복운동을 거치는 상실 경험을 한다.

　사람들은 상실을 경험하면서 어떤 심리적 변화 과정을 겪는 것일까? 사별의 슬픔은 어떤 과정을 통해서 완화되는 것일까? 다양한 질문을 통해 사별 경험자들의 내면을 이해하고 이들의 고통을 줄여주고 적응을 돕기 위한 내비게이션과 같은 이론적 정리가 필요하다.

1. 퀴블러 로스의 단계이론

퀴블러 로스(Kübler-Ross)는 저서 『죽음과 죽어감(On Death and Dying)』에서 임상적 관찰과 인터뷰 자료를 통해 웨스트버그(Westberg)의 애도 과정 10단계를 5단계로 정리했다.

그는 2005년에 케슬러(Kessler)와 함께 『비탄과 애도에 대하여(On Grief and Grieving): 상실의 5단계를 통한 비탄의 의미 발견하기』를 출간하면서 정상적인 애도 과정이 존재하는 것은 아니며 이러한 단계들은 중첩되기도 하고 지나갔다 다시 돌아오거나 건너뛰기도 하는 등 다양한 패턴으로 나타날 수 있다고 하였다.

부정 단계

죽음이든 상실이든 자신에게 일어난 현실을 인정하지 않는 단계로, 상실의 고통을 최소화하는 것이다. 사랑하는 사람이 죽었을 때 부정 단계에서는 "아니야! 그것은 사실이 아니야!", "나에게 그런 일이 생길 리가 없어!", "무언가 잘못되었을 거야"라며 사실을 부정한다. 이렇게 상실을 받아들이지 못하는 것은 지금 단계에서 고통에 압도당하기에 부정 기제를 통해 느린 속도로 상실을 받아들이기 위한 첫 과정이다. 일단 부정을 할 경우 닥친 고통을 시간이 지날수록 서서히 느껴지게 하는 효과가 있다.

분노 단계

부정 단계를 거치고 나면 죽은 사람이든, 자기 자신이든 분노를 표현하는 단계가 찾아온다. 분노 또한 자연스러운 반응이며 내면의 고통을 표현하는 방법이다. "대체 왜 그 사람이 지금 죽어야 하는 거지?", "그 사람이 무슨 잘못을 했길래?", "이건 정말 부당해", "신은 어디에 있는 거야?"와 같은 분노가 가족, 의료진, 자신, 고인 또는 신에게 향해질 수 있다. 분노를 표현하는 것 또한 심리적 이득이 있다. 상실 앞에서 인간은 '고통의 바다에서 길을 잃은 것 같은 막막함을 느끼는데, 그때 무언가에 분노함으로써 막막한 바다에서 닻을 내리는 느낌을 얻는다.

협상 단계

협상 단계에서는 "이 모든 게 나쁜 꿈이었으면!", "내가 다른 사람들을 도우며 헌신한다면 아내가 살아서 돌아올 수도 있을 거야!", "만약 …했더라면 아내가 살 수 있지 않았을까?"와 같은 가정적 생각과 함께 수반되는 죄책감은 협상의 단계에 경험하는 주된 감정이다. 지금의 고통을 느끼지 않기 위해서 그 무엇과도 거래하려고 하는 단계이다. 이 단계는 몇 주 또는 몇 달 동안 지속된다. 우리가 아무리 최선을 다하더라도 상실과 사별은 우연히 일어날 수 있는 세상에 살고 있다는 걸 기억해야 이 단계를 넘길 수 있다.

우울과 절망 단계

이 단계는 상실이 삶의 전반적인 영역에서 더 깊은 영향을 미치기 시작한다. 상실의 아픔을 느끼며 울거나 슬퍼하면서 많은 시간을 보낸다. 위로하려는 방문자를 거절하고 현실적인 삶으로부터 철수하여 오래도록 혼자 있기를 원하며 슬픔과 방황의 짙은 안갯속에 머문다. 이때 슬픔이 영원히 계속될 것 같은 느낌이 들고 과연 남아 있는 삶이 살 가치가 있는지 의문이 든다.

사람마다 이 단계를 거치는 시기는 다르지만, 분명한 것은 우울과 절망은 자신이 상실을 경험하고 있다는 것이며 사랑하는 이가 죽었으며 다시는 돌아오지 않는다는 것을 인정하는 진짜 표현이라고 할 수 있다. 이러한 우울과 절망의 단계는 사별한 사람이 사랑하는 사람의 죽음을 받아들이고 그와의 이별을 애도하며 분리를 준비하는 과정이라고 할 수 있다.

수용 단계

수용 단계는 '사랑하는 사람이 떠났지만, 나는 괜찮다'라는 의미가 아니라 내 삶의 변화된 새로운 현실을 받아들인다는 것이다. 실제 수용 단계를 거친다고 해도 슬픔은 끝나지 않는다. 죽음을 받아들이는 동시에 그가 존재하지 않는 새로운 상황이 앞으로 살아가야 할 현실이라는 점을 인식하게 된다. 수용은 여러 번에 걸쳐서 일어나며, 수용이 일어난다는 것은 치유가 되고 있다는 뜻이다. 사별의 수용은 사랑하는 사람이 존재하지 않는 현실에서도 삶의 즐거움과 행복을 느낄 수 있다는 새로운 발견이기도 하다. 자신의 욕구에 귀를 기울이며, 변화된 세상에서 새로운 삶을 살아가게 된다.

시간이 지나도 수용 단계에 도달하지 못한다면 전문가의 도움이 필요하다. 일상적 삶과 업무 등에 지속해서 문제를 일으키기 때문이다. DSM-5(정신질환 진단 및 통계편람)에서는 일상을 방해하는 강렬하고 지속적인 슬픔을 '지속적 비탄 장애'로 정의하였다. 사별 경험 후 성인은 1년 이상, 아동과 청소년은 6개월 이상 자신의 관심사를 추구하거나 사회 적응 활동에 어려움을 겪고 있다면 지속적 비탄 장애로 진단한다.

한계

퀴블러 로스의 단계이론은 애도의 단계를 도식화하여 일정의 내비게이션을 확보하는 데 중요한 공헌을 하였다. 그러나 개인들은 각자의 방식으로 애도하고 있는데, 비탄을 극복하기 위해 같은 방식으로 표현하고 같은 경험을 공유해야 한다는 것으로 개인의 성격과 환경, 대처 방식에 있어서 개인차와 문화적 차이를 간과했다는 비판을 받고 있다. 또한 전 단계와 후 단계를 표시함으로써 이전 단계를 통과하지 못하면 다음 단계로 넘어갈 수 없다는 가정을 하고 있어 수많은 사별 비탄 과정을 겪는 애도자들의 특성을 반영하지 못한다는 한계를 지니고 있다.

2. 애도 과업

어느 저명한 사회학자가 교통사고로 아내를 상처한 지 얼마 안 되었을 때 또다시 사춘기의 아들을 잃고 나서 「뉴타임지」에 특집 기사를 실은 적이 있다. 애도는 그냥 지나가는 것이 아니라 새로운 상황에 적응하기 위해 능동적으로 과제를 정리하고, 수행하는 것이 애도 과업이다. 사별 후 사랑하는 이의 죽음을 회피하거나, 자신의 감정에 빠져 그 감정을 그때그때 해결하는 사람이나 사별을 극복하고 다시 적응하며 삶을 살아간다. 죽음에 대해 말하길 꺼리든, 소리 높여 울부짖든 또는 그 중간쯤이든 사별자의 마음에는 슬픔이 존재한다. 문제는 그 슬픔을 표현하는 방식과 태도가 각자의 문화와 환경에 따라 다르다는 것이다.

사랑하는 사람을 상실했을 때 왜 슬퍼지는 것일까? 상실했으니까 당연히 슬퍼한다고 생각할 수도 있지만, 슬픔에 대한 이해가 필요하다. 상실에 대한 여러 가지 반응들이 있다. 하지만 주된 반응은 슬픔이다. 슬픔에 대한 영어식 표현만 해도 'sadness', 'sorrow', 'grief' 등 다양한 것이 있을 만큼, 충격적인 경험이나 사건에 대한 감정적 표현들이 다양하게 존재한다.

그런데 왜 하나의 사건에 대해 다양한 감정들이 표현되는 것일까? 이러한 감정들의 표현은 어떠한 의미일까? 먼저 슬픔이 주는 위로는 자신이 사랑하는 사람을 상실했음을 외부로 표현하는 행위이다. 흐느끼거나, 엉엉 울거나, 그냥 입술을 꽉 문 채 우는 등 표현 방식은 각자 다를 수 있지만 이 모든 것은 죽음에 대한 반응이며 사랑에 대한 연장선이다. 주변 사람들에게 힘들고 괴로운 일을 겪고 있다는 것을 보여줌으로써 측은지심을 발동시켜 지지와 보호를 받을 수 있는 일종의 경계경보이기도 하다. 사람들은 눈물을 보이는 사람에게 돌봄을 주려고 하기에 누군가의 품이 필요할 땐 슬픔을 통한 눈물이 효과적인 소통 방식이라는 것이다.

슬픔 과정에서 흘리는 눈물에는 치유의 힘이 있다. 상실로 인한 눈물은 지난 시간 스트레스로 축적된 여러 독성물질을 제거하고 스트레스 지수를 낮추며, 오히려 눈물을 보이지 않는 사람들은 스트레스 지수가 높아진다고 한다. 그래서 고대 로마에서는 누군가의 죽음을 애도할 때 조그만 유리병에 자신의 눈물을 모아 무덤에 넣는 방식으로 애도했다.

애도 상담 전문가 피오리니(Jody J. Fiorini)는 슬픔이란 영구적이거나 일시적인 일상생활의 혼란, 인간관계에서 어쩔 수 없이 겪게 되는 이별이나 변화에서 비롯되는 것으로, 불가피하고도 끝이 없는 과정이라고 한다. 사별이나 상실로 비탄에 젖은 사람들은 기진맥진할 때까지 울면서 슬픔을 토해낼 때 비로소 마음의 위로를 받기도 한다. 그리고 슬픔의 끝에 이르면 얄궂게도 죽음을 딛고 강한 생명의 기운이 비집고 나오기 시작한다.

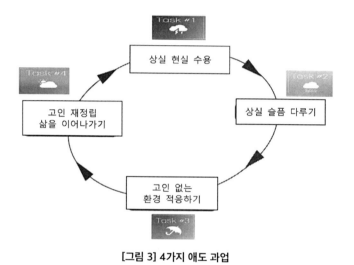

[그림 3] 4가지 애도 과업

워든은 애도의 과업을 중심으로 하여 애도를 직면과 사고의 재구성이 필요한 인지적인 과정으로 보고, 애도 상담은 사별자들이 네 가지 애도의 과업을 인식하도록 돕는 과정이라고 말한다. 그는 애도 과업을 4단계로 정리한다. '상실의 현실 수용하기', '사별의 슬픔을 견디며 애도 작업하기', '고인 없는 환경에 적응하기', '고인과의 연계 속에서 새로운 삶 발견하기'로 단계화하여 목표를 제시하였다.

상실의 현실 수용하기

상실 초기에 상실의 현실을 수용하지 못하고 부인하는 것은 일반적인 반응이며, 상실의 충격을 완화하는 역할을 하지만 과도하거나 너무 오랜 시간 지속된다면 문제가 된다. 따라서 애도자는 상실의 현실을 인식하고, 고인은 돌아오지 않는다는 사실을 깨달아야 한다. 상실의 상황을 직접 말로 표현하며 자신이 애도 과업을 제대로 진행하고 있는지에 대한 질문으로 자신의 감정과 반응을 탐색할 수 있다. 이 과정에서 정상적인 애도 혹은 비정상적인 애도를 보내는지에 대하여 분석할 필요가 있다.

사별의 슬픔을 견디며 애도 작업하기

애착 관계에 있었던 사람을 잃었을 때 느끼는 고통은 사람마다 다르기에 애도의 방법도 다르다. 이때 사회적 시선은 사별의 고통을 겪는 것을 방해한다. 사람들의 섣부른 위로의 말은 애도에 방해가 되고 슬픔을 회피하는 사람들의 일부는 대개 우울증을 겪게 된다. 따라서 자신의 감정을 억누르고 회피하는 것이 아니라, 그것을 표현하는 단계라고 볼 수 있다. 사별 이후에 느끼는 주요 감정을 적절히 표현할 수 있도록 도와주어야 한다. 실제 애도자는 고인을 상실한 충격과 고통으로 자신들의 감정을 제대로 인지하지 못하거나 분노, 죄책감, 불안, 무력감, 외로움이나 우울감 등의 감정으로 슬픔의 해결 방법을 알지 못한다. 이에 음주 등 물질 중독 또는 과다 섭취로 건강을 위협받기도 하고, 극단적인 선택을 하기도 한다. 이러한 애도자의 자연스러운 감정을 수용하고 해결하도록 적절한 시기에 개입하여야 한다.

고인 없는 환경에 적응하기

애도자는 고인이 떠나고 없는 현재의 어려움을 극복하고, 적응하면서 살아가야 한다. 고인이 생전에 가정에서 해왔던 역할이 어느 정도였는지에 따라 애도자가 적응하는 데 많은 영향을 미친다. 스스로 의사결정을 해야 하는 경우 효과적으로 결정하도록 하여 혼란을 최소화해야 한다. '지금 직면한 문제는 무엇인가?' 또는 '그 문제는 어떻게 해결하려고 하는가?' 등의 질문으로 자기의 문제는 자기가 결정하도록 해야 한다. 직업, 이사, 성생활 등의 문제에 대해서는 객관적이고 보편적인 정보를 통해 합리적인 결정을 하도록 해야 한다. 이러한 과정을 통해 애도자들은 죽음으로부터 살아남은 사람으로서의 자아 정체감을 형성한다.

고인과의 연계 속에서 새로운 삶 발견하기

애도자는 마음속에 고인이 자리 잡을 수 있도록 재배치해야 한다. 고인을 그리워하고 기억하며 추모하는 것은 정서적으로 고인의 에너지에서 벗어나게 한다. 고인을 떠나보내고 생긴 빈자리는 새로운 사람으로 대체할 수 없지만, 주변의 인간관계로 공백을 채울 수 있다는 사실을 앎으로써 새로운 관계와 일에 나서도록 해야 한다. 재배치에 효과적인 것은 의례이다. 추모관 방문, 고인의 물건 간직하기, 메모리얼 상자 만들기, 가족들과 스크랩북 만들기 등과 같은 고인의 삶을 추억하고 기억하는 활동이 도움이 된다.

종합

네 가지 애도 과업을 달성하는 것은 분명 어려운 과제이다. 유족들은 비탄에 빠져 이 시점에 갇혀 있다가 나중에 그들의 삶이 어떤 식으로든 그 상실이 일어난 시점에 멈췄다는 것을 깨닫는다. 누구나 각자의 애도 과업을 진행하고 있다. 한 10대 소녀는 아버지의 죽음에 적응하는 데 매우 힘든 시간을 보냈다. 2년 후, 그녀는 애도 과업을 해결하기 시작하면서 많은 사람이 삶을 기억하고 살아가기 위해 고군분투하며 살아가고 있다는 사실을 깨닫고 "사랑받을 다른 사람들이 있다"라고 어머니에게 썼다. 또한 "그것은 내가 아버지를 덜 사랑한다는 것을 의미하지 않는다"라는 말도 덧붙였다.

상담자들은 네 가지 애도 과업이 사별 과정을 이해하는 데 유용하다고 생각한다. 그들은 상실에 대한 개인적, 현실적, 정신적, 실존적 적응을 포괄한다. 다만 애도 과업을 고정된 것으로 보고 고정된 단계로 빠지는 함정을 경계해야 할 것이다. 과업의 과정은 시간이 지남에 따라 반복해서 수행하게 된다. 다양한 과업도 동시에 수행할 수 있다. 사별 비탄을 애도하는 것은 유동적인 과정이며 다양한 애도 중재 요인들에 영향을 받기 때문이다.

3. 슬픔의 수레바퀴 이론

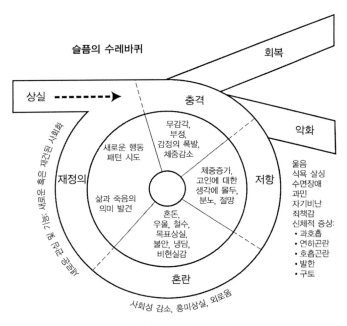

[그림 4] 슬픔의 수레바퀴 이론

스팽글러(Spangler)와 데미(Demi)는 '슬픔의 수레바퀴 이론'을 통해 슬픔을 겪는 과정과 특징을 정리하였다.

첫 번째는 충격 단계로, 상실로부터 자신을 보호하기 위해 부정하는 기제를 사용하며 주요 증상으로 무감각, 부정, 혼란, 격한 감정, 수면장애 등을 겪는다.

두 번째는 저항 단계로, 죄책감이나 공포와 같은 우울 증상들이 나타나는 동시에 자신을 홀로 남기고 떠나간 이에게 분노를 느낀다. 이 단계 주요 증상은 분노, 두려움, 슬픔, 과민함, 죄책감, 타협, 혼란으로 상실의 고통을 경험하는 것을 자신에게 허용할 때 적응이나 회복력이 커진다.

세 번째는 혼란 단계로, 슬픔이 극도에 이르면서 상실을 인정하거나 아니면 혼란 상태에 머물게 된다. 이 단계에서 떠나간 사람의 물건이나 흔적을 보존함으로써 상실 대상을 회복하려고 노력한다. 주요 증상은 무기력, 혼란, 우울, 위축, 무의미함, 외로움, 고독, 강한 번민, 무감각 및 무목적감, 사고 과정의 지연, 느린 행동이다.

네 번째는 재정의 단계로, 상실을 현실적으로 수용하고 삶을 재형성하는 작업을 시작한다. 이 단계 초기에는 타인과의 정서적 관계를 단절하나 점차 현실과 타협하고 대인관계를 시작하며 개인적 의미와 목표를 재평가하고 재정의한다. 이 단계 주요 증상은 삶과 죽음에 대한 새로운 의미, 자기수용, 변화된 우선순위, 내적 평화와 평온, 친구와 가족에 대한 재정의이다.

이처럼 연구자들마다 상실과 사별에 따른 비탄과 슬픔의 여러 단계와 과정을 다르게 정의한다. 하지만 애도 반응의 일반적

특성과 개인적인 측면들이 반영된 애도 과정 및 과업을 수행하며 각자의 속도로 슬픔을 통과한다. 물론 애도 과업을 마쳤다고 슬픔이 종결되는 것은 아니다. 각 단계와 과정에 맞는 과업을 인식하며 적절한 대응 방식을 통해 과부하 걸린 고통과 제반 문제들을 딛고 일상으로의 연착륙을 가능하게 하는 것이 본질일 것이다.

제7장

/

애도의 심리학

우리가 시작이라고 부르는 것들은

종종 끝을 의미한다.

끝을 맺는 것이 시작을 만든다.

끝은 우리가 시작하는 바로 그곳이다.

– T. S. 엘리엇(Thomas Stearns Eliot), 「리틀 기딩」 중에서

    애도 심리학은 프로이트의 애도이론을 시작으로 과업이론, 애착이론, 단계이론, 과제이론, 과정이론 등 다양한 연구 이론들이 나왔으며 이에 대한 논의는 지금도 활발히 이루어지고 있다. 최근 연구자들이 애도 치료 이론들을 고전적 관점과 현대적 관점으로 나누어 설명하고 있는데 정리를 하면 다음과 같다.

1. 프로이트의 애도이론

프로이트(Freud)가 상실과 애도에 관심을 갖고 글을 쓰기 시작한 것은 1895년이지만, 연구 결과가 세상에 드러난 것은 『애도와 멜랑콜리(Mourning and Melancholia)』를 출판한 1917년이었다. 1차 대전 중에 자신의 두 아들이 전쟁에 참여하고 있었으며 연일 전사자들이 일간 신문에 게재되어 사별의 슬픔이 만연한 때였다.

이 책에서 프로이트는 사랑하는 사람과 관련된 상실에서 왜 어떤 사람들은 시간이 지나면서 애도를 통해 다시 정상 생활로 돌아오지만, 어떤 사람들은 멜랑콜리 등 우울증으로 가라앉는가에 대한 질문을 던졌다. 프로이트는 일반적인 애도와 달리 병리적 애도는 정신증적 문제로서 무의식과 연결되어 있다고 가정하는데, '우울증 환자는 자기 자신이 상실한 것을 의식적으로 지각할 수 없기 때문'이라고 하였다(1917e). 애도와 멜랑콜리 모두 '사랑하는 사람의 상실, 혹은 사랑하는 사람의 자리에 대신 들어선 어떤 추상적인 것, 즉 조국, 자유, 어떤 이상(理想) 등의 상실에 대한 반응'이라는 점에서는 같지만, 사랑의 대상과 주체의 관계를 놓고 보면 이야기는 달라진다는 것이다.

애도는 사랑하는 누군가를 잃었다는 고통스러운 마음, 외부 세계를 향한 관심의 상실, 사랑할 수 있는 능력의 상실로 사랑하던 사람을 대신할 새로운 사랑의 대상을 찾지 못하며, 사랑하던 이를 생각나게 하는 어떤 행동도 금하는 심리적 상태 등을 경험한다. 사랑하는 대상을 상실한 뒤 그로 인한 고통을 겪던 주체가 시간이 지나면서 결국 그 대상에게 투여되었던 리비도(Libido, 성적인 에너지를 포함한 심리, 정신세계 그리고 삶에 대한 영향을 미칠 수 있는 생명력, 열정)를 철수시켜 자아로 되돌리는 과정이 바로 애도이다. 프로이트는 『토템과 터부(Totem and Taboo)』에서 '애도는 수행해야 할 과업을 가지고 있다. 그것의 기능은 살아남은 자의 기억과 희망을 죽은 자로부터 분리하는 것이다'라고 애도 과업을 제시하였다. 애도 과업이란 사별로 인한 슬픈 현실을 부정하거나 회피하지 않고 직면하여, 죽음의 순간과 그 이전의 사건들을 검토하고 사별의 현실을 의식 안으로 가져와서 고인과의 분리를 시도하는 인지 과정이라고 할 수 있다.

현실 검증 움직임, 잃어버린 대상을 상기함, 잃어버린 대상의 포기라는 애도 작업이 완수되면 슬픔과 고통을 딛고 기운을 회복하여 다른 대상을 사랑할 준비를 한다. '대상 상실' 후 '대상

포기'로 이어지는 과정을 마무리하고 죽은 사람을 마침내 기억에서 잘 떠나보내는 것이다.

이런 측면에서 애도는 현실 검증(reality test)을 통해 사랑하는 대상이 더 이상 존재하지 않는다는 것을 확인하고, 리비도를 그 대상과의 관계로부터 철수하는 과정이다. 최초의 애도 대상은 어머니이고, 따라서 최초의 애도는 어머니로부터의 분리 독립을 의미한다. 애도는 사랑하는 대상의 상실과 그로 인한 대상으로부터의 분리와 독립을 말하는 것이다.

애도는 사랑하는 대상을 상실한 뒤, 시간의 흐름과 함께 그 대상에 투여되었던 리비도를 대상으로부터 철수하는 과정이다. 이 과정은 두 단계를 거치는데 첫 번째 단계는 사랑하는 사람이 죽거나 사라졌을 때 그 사람에 대한 기억의 과투여(hyper-cathexis)가 일어나는 현상이다. 두 번째 단계는 그러한 투여가 서서히 대상에서 분리되어 자기애적 만족으로 이어지는 것이다. 그 결과, 대상으로부터 철수한 리비도가 자아를 향하면서 나중에 다른 대상을 사랑할 수 있게 된다.

그런데 병리적 애도는 정상적 애도를 밟지 못하고 죽음의 책임이 자신에게 있다고 믿거나 그 죽음을 부인하고 고인의 혼령이 자기 속에 들어왔다고 믿어 자기도 고인과 같은 병에 걸렸다고 믿는 것이다. 안나 O의 사례를 보면, 병석에 계신 아버지를 간호하다 깜빡 잠든 사이에 아버지의 병세가 위독해진다. 그녀는 이러한 책임이 자신에게 있다고 믿었는데 팔에 마비가 오고 발작이 일어나고 실어증에 걸린다. 이처럼 병리적인 애도는 상실한 대상과의 완전 동일시나 대상에 대한 양가적인 태도가 전면에 나타난다. 사랑과 증오가 교차적으로 나타나고 죽음을 슬퍼하다가도 자기를 혼자 두고 떠난 대상을 원망하기도 하며 죽음의 책임과 죄의식에 빠지다가 죄의식에 대한 방어로 공격성이 드러나기도 한다.

[사례]

영진(가명) 씨는 알코올 중독자인 그의 아버지가 지방 호텔에서 죽은 채 발견되었을 때 7남매 중 막내였다. 아버지는 오랫동안 자녀와 집안의 골칫거리였기에 자녀들과 집안은 즉시 화장하였고, 그의 유골은 납골당에 봉인되었다. 막내인 그는 알코올 중독자인 아버지였지만 아버지의 죽음에 어떤 표식을 제공하고 싶었다. 그러나 가족 중 아무도 그의 말에 동의하지 않았다. 그는 이 과정을 통해 가족들이 정나미가 떨어진 '끔찍한 가족'이라고 생각했고 아버지로부터 분리될 수 없었다. 그는 여러 해 동안에 자신과 죽은 아버지와 병리적 동일시를 통해 아버지와 관계를 유지하는 것이 애도라 생각했고, 가족들에게 종종 "넌 죽은 애비와 똑같아!"와 같은 말을 듣곤 했다. 그 또한 아버지처럼 심각한 음주 문제를 일으켰는데, 병리적 동일시와 일부 관련이 있는 것으로 밝혀졌다. 직장과 가족관계의 문제로 인해 영진 씨는 애도 상담을 6개월간 진행했고 상담을 통해 병리적인 동일시를 극복하고 아버지에게 마지막 작별을 고하며, 다른 가족들과의 문제도 보게 되었다. 애도 작업과 함께 그의 알코올 문제도 해결하게 되었다.

2. 볼비의 비탄의 단계이론

볼비(Bowlby)는 애착을 특정한 사람과의 지속적인 정서적 유대감이라고 하였다. 애착은 개인의 생활에서 가장 최초로 나타나는 발달 현상이다. 인간은 친밀한 관계를 맺고자 하는 욕구가 있다. 이러한 욕구는 생존 능력이 없는 유아가 성인 양육자의 보호로 생존의 확률을 높이려는 동기에서 진화된 행동 방식이다. 애착은 생의 초기부터 보호와 안전 욕구에서 나오며, 중요한 타인과의 애착의 형성으로 확대 발달하여 생애주기에서 유지된다. 애착 관계는 다음과 같이 4가지의 공통적 특징이 있다.

첫째, 근접성 유지(proximity maintenance)이다. 이는 언제나 애착 대상과 가까이 있기를 원하며, 접촉을 통해 서로 어디에 있는지 확인하고, 상대방에게 언제든지 다가가고 받아들임으로 존재를 확인한다.

둘째, 애착 대상은 정서적 지지와 보호를 제공하는 안전한 피난처(safe haven)이다. 아이가 위험을 느낄 때 어머니에게 찾아가 위로와 도움을 요청한다. 이처럼 애착 대상은 위로와 안녕감을 주는 안전한 피난처 역할을 한다.

셋째, 애착 대상은 안전 기지(secure base)로 세상을 탐색하고 활동하는 기반이 된다. 어머니는 아이가 어려움이 처할 때마다 보호받을 수 있는 안전한 피난처이며, 안전감으로 세상을 탐색하고 활동하게 만드는 안전 기지이다.

넷째, 애착 관계에 있는 대상과 이별하게 되면 분리 고통(separation distress)을 경험한다. 애착 대상과의 이별이 예상될 때 불안감을 느끼며, 애착 대상의 상실은 슬픔과 우울을 유발한다. 특히 사별은 죽음을 통한 애착 대상의 상실이기에 비탄과 고통을 촉발한다.

볼비는 『애착과 상실(Attachment and Loss)』에서 인간의 사랑과 이별에 대한 애착 이론을 제시하였다. 그는 어린 시절의 애착 경험이 이후의 인간관계와 성격을 형성하는 기반이 된다고 하였다. 전 생애에 걸쳐 지속되는 부모와 자녀 관계, 강력한 정서적 교류가 있는 부부나 친지의 경우에는 사별 이후에도 관계가 지속되는 독특한 정서가 있으며, 특히 사별처럼 애착 대상과의 결속이 위협받거나 파괴될 때 사별자는 상당한 스트레스 상황에 있게 된다고 하였다. 볼비의 비탄 단계이론은 [그림 5]와 같다.

[그림 5] 볼비의 비탄의 단계이론

그는 정신분석적 관점보다 생물학적인 관점을 강조하면서 사별 반응의 특징으로 시간의 흐름에 따라 비탄 반응이 감소한다고 하였다. 사별 경험으로 인한 반응은 다음과 같다.

첫째, 충격과 마비(shock and numbing)로 모든 감정을 억압하거나 현실을 부정하는 감각적 정지상태가 된다. 오히려 냉정해지며, 감정을 표현할 수 있을 때까지 이러한 상태가 유지된다. 마치 눈에 보이지 않는 벽으로 둘러싸인 것 같은 '정신적 마비', '정신적 차단 상태'이다.

둘째, 그리움과 탐색(yearning and searching)은 원래 있었던 상태로 돌아가려고 하는 노력이다. 고인이 다시 나타날지도 모른다는 희망감에 구석구석 살펴보고 이 방 저 방을 돌아다니는 일종의 '강박행동'을 보인다. 이러한 추구 행동은 상실 대상을 다시 찾아 재결합하고자 하는 시도로, 고인에 대한 시각적 이미지가 자주 떠오르는 것은 시각과 청각의 단서를 잘못 해석하도록 유도함으로써 고인의 음성과 모습을 추구하는 강력한 '지각적 설정'이라고 하였다.

셋째, 혼란과 절망(disorganization and despair)은 내적 세계를 동요 상태로 이끈다. 이러한 상태를 프로이트(Freud)는 상실한 대상과의 동일시에서 보았고, 클라인(Klein)은 유아기 시절 겪었던 실패와 버림받은 상태로 퇴행한 것으로 이해하였다. 이러한 우울 상태는 불안과 죄의식으로 뒤섞여 분간할 수 없으며, 비탄 과정을 통해 안정적 정신세계가 위협을 받아 과거의 내적 세계의 재등장으로 현실 복합적인 내적 반영의 일부가 되었다고 보았다.

넷째, 재정립(reorganization)은 고인과의 관계를 새로운 방식으로 재정립하는 것으로, 애착 대상의 죽음을 수용하는 것이 필요하다. 하지만 애착 대상의 상실을 충분히 수용한다는 것은 쉽지 않다. 우리는 상실한 대상에 대한 기억을 완전히 지울 수 없으며, 어떤 계기나 자극이 고인을 떠올리게 하여 언제든지 애착 욕구와 슬픔을 일으킬 수 있다. 이에 고인과의 애착이 단절되는 것보다 지속적 유대가 사별자가 적응하는 데 도움이 된다. 또한 사별자는 고인이 없는 상태에서 새로운 삶의 방식을 모색하여 미래의 삶을 일구도록 노력하여야 한다.

애착유형은 사랑하는 사람의 죽음에 대한 비탄 반응에 강력한 영향을 미친다. 안정 애착 수준이 높을수록 사별로 인한 주관적 고통이 낮고, 과제 지향적 대처를 통해 사별의 충격을 더 효율적으로 극복한다. 이에 비해 불안 애착유형은 안정 유형의 사람들보다 더 높은 비탄과 우울감을 보였으며, 회피 애착유형은 주관적 고통은 더했지만 신체화 반응이 더 많았다(Wayment & Vierthaler, 2002).

[사례]

남수(가명) 씨는 공공기관에 근무하는 회사원이다. 평범한 외모와 달리 혼자 있을 때 유독 그늘진 얼굴이었다. 그의 어머니는 남수 씨가 초등학교 2학년 때 심한 우울로 자살을 하였다. 어릴 때부터 어머니의 우울로 다가가지 못했던 그는 어머니의 자살 경험에 대해 겉으론 감정을 표현하지 않았지만 속으로는 사람과의 관계에 계속 거리를 두었다. 어떻게 장례를 치렀는지도 기억이 안 났고 늘 혼자라고 생각했고, 친구들과 교류도 줄었으며 수업 시간에도 혼자 멍하니 앉아 있는 시간이 많았다고 했다.

이후 공부를 하는 것이나 직업을 갖고 살아야 하는 것이 버겁게 느껴졌고 늘 걱정이었으며, 그저 남아 있는 가족과의 관계에서 거리를 두는 방식으로 살아왔다. 또한 어머님이 힘들어했던 우울증을 물려받을까 봐 불안해하기도 하고, 어머님이 돌아가신 연령대가 되어갈 때 같은 행동을 하게 될 것을 두려워했다. 이처럼 남수 씨는 어머니와 불안정 애착을 형성한 가운데, 어머니의 자살이라는 충격적 사건이 남수 씨에게 생소하고 다양한 경험을 파생시켜 삶에서 오랫동안 공허함을 경험하게 하였다.

3. 스트로베와 슈트의 이원 과정이론

스트로베(Stroebe)와 슈트(Schut)의 이원 과정 모델(1999)은 배우자 죽음에 대한 대처 방식으로 제안되었지만 다른 유형의 사별에도 적용할 수 있는 것으로, 사별을 겪은 사람이 죽음에 대처하는 과정으로 설명될 수 있다. 이 모델은 사별로 인한 애착 문제와 보편적 스트레스를 중심으로 하여 특수한 스트레스를 고려한 인지적 스트레스 이론으로 발달하였다. 이 모델은 비탄을 사별에 대한 역동적인 대처 과정으로 보고 '사별과 관련된 스트레스 요인', '사별에 대처하기 위해 사용되는 인지 전략', '변동하는 역동적 과정' 등을 구성 요소로 하며, 상실 지향 과정과 회복 지향 과정으로 이루어진다. 이를 그림으로 나타내면 [그림 6]과 같다.

이 모델은 기존 사별 연구에서 주로 활용되던 애도 과업에 대해 비판적이다. 기존의 애도 과업에서는 사별자의 반응을 지나치게 소극적으로 묘사하고 있다고 지적한다. 사별자는 사별 후의 충격과 슬픔의 과정에 내던져진 것일 뿐, 이에 대한 사별자 개인의 적극적인 대처 과정과 노력에 대한 부분은 배제하고 있다는 것이다.

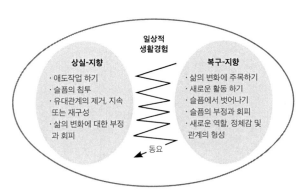

[그림 6] Stroebe와 Schut의 이원 과정 모델

또한 기존의 연구들에서는 사랑하는 대상의 상실에 대한 1차 스트레스 반응에만 초점을 맞추고 있으며, 사별로 인해 파생되는 2차 스트레스의 요인과 고통에 대해서는 고려하고 있지 않다고 비판하였다. 특히 배우자를 사별했을 경우 발생하는 빈곤 문제, 법적인 문제들, 배우자가 생전에 해왔던 일들의 이행에 따른 스트레스, 정체성 변화에 따른 위축감, 고인과 관계 있는 사회적 관계 축소 등 생활 전반에서 다양한 스트레스를 경험하게 된다. 이러한 2차 스트레스들에 효과적으로 대처하고 극복하는 문제는 사별 후의 적응을 결정하는 데 매우 중요하다.

여기서 대처(coping)란 개인의 내적, 외적 스트레스의 요인을 다루는 방법을 의미하며 다양한 스트레스를 초래하는 사별 사건에 효과적으로 대처할 때 상실에 대한 고통뿐만 아니라 그로 인해 파생되는 정신적, 신체적 건강에서의 부적응을 경감시킬 수 있다는 점이다.

첫째, 상실 지향 과정(loss-oriented process)은 상실 경험 자체에 집중하고 그것을 다루는 과정이다. 이 과정에서는 비탄 과업 이론에서 주로 강조하는 고인과의 관계, 유대, 고인과 함께했던 삶, 죽음이 일어났던 환경 등을 반추하고 고인을 그리워하고, 찾고, 통곡하고, 혼자 남겨진 것에 절망하는 등의 정서적 반응을 보이며 고인과의 유대 상실을 겪어나가면서 회복을 위한 변화에 대해 회피나 부정으로 저항한다.

상실 지향 스트레스에 효과적으로 대처하지 못하면 과도한 슬픔과 상실감에 빠져서 오랜 기간 심각한 부적응 상태에 빠져들 수 있다. 상실로 인한 고통에 과도하게 집중하게 되면 그리움, 분노, 불안, 우울, 절망감을 경험하게 된다. 또한 고인과 더 이상 이야기할 수 없고 그를 다시 볼 수 없다는 사실을 인정하지 못하면 끊임없이 사진을 바라보거나 무덤을 방문하는 등의 강박적이고 자기 파괴적인 행동을 촉발할 수 있다. 상실 지향 과정은 사별과 상실 자체에 대처하는 일, 그리고 상실을 인정하고 수용하는 일에 초점이 맞추어진다.

둘째, 회복 지향 과정(restoration-oriented process)에서 회복은 비탄 과정의 결과물이 아니라 2차 상실과 스트레스의 요인에 대한 대처에 초점을 둔 것으로, 사별하기 이전 생활로의 회복이 아니라 고인이 없는 새로운 세계에 적응하고자 하는 노력과 관련이 있다. 사랑하는 사람이 죽었을 때 고인을 위한 비탄 과정이 있을 뿐만 아니라 상실의 부차적 결과인 실질적인 삶의 변화에 적응해야 한다는 것이다.

회복 지향 과정은 사별 이후의 변화된 현실에서 대처해야 할 새로운 역할과 책임에 집중하는 것이며 사랑하는 사람의 상실을 수용하면서 고인과의 애착을 서서히 약화하는 과정이라고 할 수 있다. 사별의 슬픔을 극복하고 고인과 사별에 대한 관점을 재구성함으로써 새로운 삶의 희망을 지니고 앞으로 나아가는 과정이며, 사랑하는 사람이 부재한 현실에 직면함으로써 그가 없는 세상에 적응하기 위해서 노력하는 과정이다. 이를 위해서는 삶의 변화에 주목하면서 새로운 역할과 활동에 전념하고 새로운 자기정체감을 구축하며 새로운 인간관계를 형성하는 노력이 필요하다. 사별의 초기에는 상실 지향이 우세하지만, 점차 회복 지향이 증가하게 된다.

이 모델은 상실 지향과 회복 지향 사이에서의 진동 개념으로 두 개의 과정에서 왔다 갔다 하거나, 어느 한 과정에 가까워지기도 하고 멀어질 때도 있다는 것을 보여준다. 이원 과정 모델에서 사별에 대처할 때 강조하는 부분은 문화적 환경, 개인적 요소, 상황적 차이점을 고려한 대응이 필요하다는 점이다. 실제 스트로베와 슈트의 연구에 의하면 사별자들은 삶 속에서 시간에 따라 상실 지향 과정과 회복 지향 과정을 진동하며 오간다고 보고하고 있다.

[사례]

50대 중반의 미애(가명) 씨는 건강검진을 받은 남편이 대장암으로 6개월 정도밖에 못 산다는 진단을 들었다. 중견기업의 임원으로 근무하던 남편은 회사를 그만두고 미애 씨의 언니가 살고 있는 공기 좋은 곳으로 내려가 살면서, 열심히 운동하고 좋은 환경 덕분인지 4년을 더 살았다. 그 후 폐암으로 전이되어 극심한 고통에 시달렸다.

남편은 자기가 건강관리를 위해 그렇게 노력했는데 왜 죽어야 하냐며 죽음을 심하게 거부하였다. 그동안 아프면서 죽음에 대해 미애 씨와 같이 책도 읽고 많은 대화를 나누면서 어느 정도 죽음을 수용하는 줄 알았는데 막상 죽음이 앞에 오니 그동안의 시간이 그냥 무의미해져버렸다. 죽을까 봐 잠도 깊이 못 자고 벌

떡벌떡 일어나던 남편은 그렇게 힘들게 죽어갔다.

그 과정을 다 지켜본 미애 씨는 남편이 죽은 후에도 한참 힘든 시간을 보냈다. 남편이 투병 생활을 하면서 수입이 없어 경제적으로 힘들어지고, 마지막에는 미애 씨를 비롯한 주위 사람들을 너무 힘들게 한 생각을 하며 분노의 감정과 함께 절망감을 느꼈다. 또 앞으로 어떻게 살지 생각하면 불안하기도 하고 우울한 감정에 휩싸이면서도 남편에 대한 그리움이 차올랐다.

그러던 차에 유학을 마치고 외국 대사관에 근무하던 딸이 근무하던 대사관의 본국으로 가면서 여행 겸 엄마를 모시고 가게 되었다. 그곳에서 박물관 등을 구경하며 미애 씨는 전공을 살려 그림을 그리고 귀국하여 전시회도 하면서 나중에는 대학교에 강의도 나가게 되었다.

그러면서도 때로는 남편에 대한 그리움으로 슬프고 힘든 상실 지향의 상태에 갔다가, 또 때로는 새로운 활동을 하며 살 수 있는 삶에 감사하면서 이전과는 다른 자기정체감을 구축하고 새로운 관계 형성을 맺으며 살아가는 복구 지향의 삶을 오가며 지내고 있다.

4. 클라스, 실버만, 닉만의 지속성 유대감 이론

클라스, 실버만, 닉만(Klass, Silverman & Nickman, 1996)은 사별 경험자들이 애도 과정에서 살아생전 고인의 모습이나 성격을 정신적으로 재현하는 패턴을 적극적으로 재구성하며 고인과 심리적으로 연결되어 있는 상태를 지속하려는 노력을 지속성 유대감(continuing bonds)이라고 명명하였다. 이들은 애도 과업에서 고인과의 관계를 분리하고 끊어야만 새로운 관계를 맺는 것이 아니라 고인과 유대감을 유지하려는 노력이 중요하다고 했다. 고인과의 분리, 흘러가게 둠, 잊는 것과 반대로 일상생활 중에 고인과의 관계를 반추하고 기억을 내면화(internalization)하는 적극적인 노력이 중요하다는 것이다. 이들은 고인과의 관계가 사별 이후에도 지속될 뿐만 아니라, 발달 과정과 주변 환경에 따라 변화 및 진화할 수 있다고 주장한다. 따라서 슬픔의 극복은 관계가 끝나는 것이 아니다. 단지 대상이 더 이상 물리적으로 존재하지 않는다는 사실이 달라질 뿐, 고인과의 심리적 유대감은 인간의 발달과 환경의 변화와 함께 그대로 유지되기도 하고 형질이 달라질 수도 있다는 것이다.

실제 이러한 고인과의 지속적 유대는 심리적 변화로써 역동적이며, 지속적인 존재감을 통해 위로와 평온을 주고 지원하며, 과거에서 미래로의 이동을 수월하게 한다는 것이다. 지속성 유대감의 예로 일상에서의 반추와 기억 내면화, 내면화된 존재감을 통한 위로와 평온, 미래로 나아가도록 돕는 긍정적 영향 등을 들 수 있다.

고인에 대한 집착을 단절하고 다른 새로운 관계를 시작하는 것이 애도의 마무리라는 기존 애도 모형들의 입장이 애도자들을 더욱 방어적이고 인위적인 기준으로 각 개인의 애도 과정을 병리적으로, 혹은 부적응적으로 바라보게 유도할 수 있는 위험이 있다는 것이다.

사실 제사 문화나 자녀를 잃은 부모가 자녀를 추억하는 유대감 지속은 개인적인 애도 방식의 한 형태를 의미하며, 개인마다 다양한 방식을 통해 고인과의 유대감을 지속하고 있다는 것을 알 수 있다. 예를 들면 기일이나 기념일에 고인의 삶을 회상하고, 고인에 관한 이야기를 하며, 고인의 사진을 들여다보기도 하고, 고인의 유품을 소지하며 사용한다. 또한 고인의 유지를 받들어 고인이 중요시하던 활동 등을 이어나가고 고인을 기리는 제사, 성묘 등에 모든 식구들이 모여 고인을 기념하고 힘들

때 고인과 대화하듯이 혼잣말하거나 편지쓰기, 기도하기 등이 대표적인 사례이기도 한다.

Klass와 동료들(1996)은 이와 같은 지속성 유대감은 세 가지의 심리적 기제로 인해 나타난다고 주장한다.

첫째로 사별 초기에 부재, 분리, 사망의 영구성 수용이 어려운 심리적 상태일 때 유대감 지속은 고인을 간절하게 되찾고 싶은 욕구로 표현될 수 있다. 이러한 표현은 죽음 자체를 수용하지 못한 심리적 상태에서 비슷한 사람을 보고 고인이라고 착각하거나 특정 장소에 가면 고인이 있을 것이라는 희망을 가지며 물리적 근접성을 회복하려는 노력으로 나타날 수 있다.

둘째로 고인이 된 애착 대상과의 물리적 근접성을 회복하려는 노력이 반복적으로 좌절되면 사별 경험자는 서서히 사별이 되돌릴 수 없는 현실이라는 것을 받아들이게 된다. 돌이킬 수 없는 현실을 수용함으로써 개인은 정서적으로 더욱 강렬한 무기력과 우울감을 경험하게 된다.

셋째로 고인의 죽음을 완전히 수용하는 동시에 사별 경험자의 현재와 미래에 긍정적인 영향이 있을 것이라는 인식으로 인해 고인과 새로운 형태의 관계를 수립한다. 고인과의 유대감 지속은 사별 전후 삶의 의미를 재구성하여 과거를 가치 있는 재산으로 유지하도록 하는 한편, 사별 후로 변화된 정체성이지만 안정적으로 자리 잡고 적응적인 일상생활이 가능한 긍정적 애도를 돕는다. 긍정적인 지속적 유대를 유지할 수 있다면, 고인의 심리적 표상도 실존하는 애착 대상의 표상만큼이나 여러 발달 과정에서 안정감과 안전감을 제공할 수 있다(Field, Gao, & Paderna, 2005).

이러한 맥락에서 고인과의 지속성 유대감은 그 자체로서 문제라기보다는 적응적인가 부적응적인가가 더 중요하다. 사별에 대해 효과적으로 대처하는지 파악하기 위해서는 고인과의 유대감 지속이 사별의 수용과 내적 안정감을 모두 포함하는지 확인하는 것이 중요하다. 즉, 애도 과정에서 고인과의 유대감 지속을 긍정적으로 경험할 수 있도록 돕기 위해서는 고인의 영원한 부재를 수용하는 과정과 동시에 심리적으로 안정감을 회복하는 과정을 확인하는 것이 중요하다.

[사례]

수진(가명) 씨의 어머니는 2년 전 병으로 돌아가셨다. 수진 씨는 어머니와 매우 가까운 관계였고, 어머니의 죽음은 수진 씨에게 큰 충격과 슬픔을 주었다.

수진 씨는 어머니와의 유대를 유지하려고 노력하고 있는데, 어머니와 함께 찍은 사진을 집 곳곳에 배치해두고 매일 그 사진을 보며 어머니와의 추억을 떠올린다. 사진을 볼 때마다 어머니와 함께했던 즐거운 순간들을 떠올리며 위로받는다. 또한 어머니가 생전에 좋아했던 요리를 자주 만들어 먹으며 어머니가 가르쳐주신 레시피와 요리 팁을 떠올리면서 마치 어머니가 곁에 있는 것처럼 느낀다. 수진 씨는 어려운 상황이 올 때마다 어머니가 해주셨던 조언을 떠올리곤 한다. "항상 최선을 다하되, 결과에 너무 연연하지 말거라"라는 말을 마음에 새기며, 어려운 결정을 내릴 때마다 그 조언을 따르려 노력한다.

이를 통해 수진 씨는 어머니가 여전히 삶에 긍정적인 영향을 미치고 있다고 느낀다. 수진 씨는 어머니의 생일이나 기일 같은 특별한 날에는 작은 행사를 한다. 어머니가 좋아했던 꽃을 집에 장식하고, 어머니와의 추억을 나누는 시간을 가지거나 어머니가 생전에 자주 하시던 봉사활동을 이어받아 지역 사회에서 봉사활동도 시작했다. 봉사활동을 하면서 어머니가 남긴 긍정적인 유산을 이어가고 있다는 생각에 큰 보람을 느낀다. 이와 같은 예시는 고인과의 관계를 단절하는 대신, 지속적인 유대감을 유지하며 내면화하는 노력이 어떻게 개인의 삶에 긍정적인 영향을 미칠 수 있는지를 보여준다.

5. 보나노의 회복탄력성 이론

21세기에 들어서면서 지난 연구가 병리적이고 부정적인 것에 초점을 맞추었던 것에 대해 비판을 하면서 긍정적인 면에 초점을 두어 역경에도 불구하고 현실에 잘 적응하며 성장하고 있는 개인들에게 관심을 두기 시작하였다. 에미 워너(Emmy E. Werner)는 역경을 이겨내는 공통적 속성과 강인한 힘의 원동력을 회복탄력성이라고 불렀다. 회복탄력성(resilience)은 환경에 따른 스트레스, 역경 혹은 위험에도 불구하고 행동적, 정서적 문제를 보이지 않고 건강하게 적응하는 아동들을 설명하기 위해 구성된 심리학적 개념이다.

보나노(Bonanno)는 사별 경험에 대한 임상 경험을 바탕으로 회복탄력성의 개념을 사별자에게도 적용할 수 있다고 주장한다. 그는 『슬픔 뒤에 오는 것들(The other side of sadness)』에서 기존의 애도 작업에 대한 비판적 견해를 밝히면서 오히려 극도로 불행한 사건을 잘 극복할 수 있는 인간의 능력에 대한 과소평가에 주목한다. 그는 「American Psychologist 59」에서 사별을 경험한 사람들이 시간의 경과에 따라 다양한 패턴이나 슬픔으로 인한 반응을 보인다고 했다. 실제 상실과 사별에 대처하는 것은 슬픔 때문에 신체적, 정신적 건강을 저해하는 요소들과 이를 극복하고 성장하는 회복탄력성을 제공하는 요소들 사이에서 균형을 잡는 일이다.

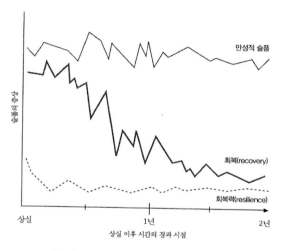

[그림 7] 슬픔 반응의 3가지 일반적인 패턴

보나노는 사별 경험에 대한 실험 연구를 통해 사별 경험자의 약 46퍼센트는 중요한 사람의 죽음 이후 약간의 스트레스를 보이거나 스트레스를 전혀 보이지 않았다고 한다. 죽음에 관련된 트라우마가 있을 때 회복탄력성은 때때로 정신 병리학(우울증 또는 PTSD)이 나타날 수 있는 양상과 다른 양상이라고 주장하며 사람들이 생각하고 있는 것보다 더 흔하다고 한다.

물론 여전히 만성적인 슬픔으로 사별 경험에서 일상으로 돌아가지 못하는 사람들이 있다. 하지만 많은 사람들이 슬픔의 고통에서 차츰 회복되어간다. 이들은 극심한 고통을 겪지만 이후 회복하면서 다시 일상으로 돌아간다. 사별 경험으로 인한 고통이 심각한 경우도 있을 수 있지만 대부분은 회복력을 지니고 있다. 물론 회복이라고 해서 상실의 고통이 '마무리'되었다는 것을 말하는 것은 아니다. 회복탄력성이 좋은 사람들도 얼마간의 슬픔을 붙잡고 놓지 못한다. 하지만 사별 경험이 질풍노도만으로 점철되지는 않고, 견뎌내고 일상적인 삶으로 돌아가는 현상이 자연스럽게 이루어지며 사별 경험에서 보호하도록 돕는다. 보나노가 회복탄력성에서 발견한 것은, 사별 경험을 가진 사람들은 얼마간의 괴로움이 있지만 애도하는 동안에도 상실 이전과 같은 수준으로 계속 살아간다는 것이다.

회복탄력성을 사별 경험에도 적용할 수 있게 자원과 긍정적인 기법을 개발하려고 노력해야 한다. 회복탄력성은 양육자와의 안정적 애착과 긍정적 관계를 통하여 만들어진다. 실제 심리적 외상과 빈약한 애착의 상호작용은 회복탄력성과 회복에 큰 영향을 미치는 것으로 나타났다. 또한 회복탄력성은 강한 사회적 네트워크, 학교에서의 긍정적 경험, 높은 자존감, 자신감, 사별 경험의 재구성, 그것으로부터 배울 수 있는 능력, 걸림돌을 디딤돌로 바꾸는 것, 타인에게 기여할 수 있는 기회가 포함된다. 사별 경험을 다룰 때 그들의 어린 시절 경험, 중요한 사람에게 갖는 애착의 질과 성격을 알아내는 것이 도움이 된다. 최근 연구에서 관심을 보이는 주제는 아이들과 청소년들이 어떻게 '스트레스를 받는 환경에서도 살아남고 잘 자라는지'에 관한 것이다. 이 연구에서는 지능, 의사소통 기술, 또래와 어울리는 능력, 남에게 공감을 보이는 능력, 내면의 통제력, 긍정적인 자존감, 가족의 응집력, 지역이나 교회와 같은 외부 지지체계가 곤경에서도 잘 자라는 능력을 강화한다고 한다(Howard et al., 1999).

[사례]

2004년 6월 뉴욕 타임즈에 한 소녀의 이야기가 실렸다. 이 소녀는 수술 도중 에이즈가 있는 피를 수혈받았고 이로 인해 에이즈에 감염되었다. 그녀의 부모는 딸이 충격을 받을까 봐 에이즈에 걸린 사실을 숨기고 간염에 걸렸다고만 말했다고 한다.

하지만 소녀는 열여섯 살에 우연히 어머니의 일기장을 보고 자신이 에이즈에 걸린 사실을 알게 되었고 잠시 동요는 있었으나 마음을 새롭게 다졌다고 한다. 그녀는 에이즈에 대한 편견과 오명을 바꿔놓기 위해 분투하기로 마음을 먹고 학교에서 방송에 나가 자신의 상태를 알렸고 어떻게 병과 싸우는지 이야기했다고 한다. 소녀의 부모는 수혈 중에 에이즈에 걸렸지만 딸이 불이익을 당할까 봐 그 사실을 숨겼고 딸이 자신의 병명을 알게 되었지만 일기장마저 불태우고 이에 대해 이야기하는 것조차 거부했다고 한다.

하지만 이 소녀는 자신이 에이즈에 걸린 사실을 알게 되어 다행임을 밝히며 자신이 성인이 되면 아이들을 에이즈로부터 보호하기 위한 활동 단체를 만들 것을 다짐하며 에이즈로부터 피해를 당하는 사람들의 인권 옹호를 위해 나설 것임을 주장했다고 한다.

6. 니마이어의 의미 재구성 이론

애도에 대한 초기 연구는 사별 직후 겪는 다양한 감정의 인식과 표출에 관심을 두었으나 최근에는 사별 경험이 고통만을 경험하는 것이 아니라 성장도 경험한다는 긍정적 변화에 대한 연구들이 등장하고 있다(Tedeschi & Calhoun, 2004). 이 과정에서 의미를 재구성하는 것이 매우 중요함을 역설하고 있다.

'의미(meaning)'는 아우슈비츠 수용소의 체험을 바탕으로 빅터 프랭클이 『죽음의 수용소에서(Man's search for meaning, 1963)』에서 제안한 개념으로, 극한의 죽음의 공포에서도 인간은 의미를 찾을 수 있는 존재임을 뜻한다. 그에 의하면 인간은 태어나면서부터 의미가 주어져 있으며 그들 앞에 놓인 삶의 의미나 인생의 목적은 초주관적인 것으로, 인간은 의미를 지향하고 자기를 초월할 수 있으며 의미는 만들어지는 것이 아니라 발견해야 할 대상임을 주장하였다. 이러한 논의에 근거하여 다양한 의미 관련 이론들이 등장하였는데 살펴보면 다음과 같다.

사별 경험과 의미

일반적으로 사람들은 의미에는 단일한 원천이 있다고 믿지만 실증적인 연구를 통해 에머슨(Emmons)은 의미가 WIST라는 4가지 원천으로 수렴된다고 하였다.

- 일(Work: achievement)
- 친밀성(Intimacy: relationships)
- 영성(Spirituality: religion)
- 생산성(Transcendence: generativity)

자신이 원하는 것을 이루고, 타인과 친밀한 관계를 맺거나 돕고, 초월자와 관계를 맺거나 종교생활을 하고, 후대를 위해 봉사하고 공헌하는 것이 중요하다는 것이다.

사별 경험이 비탄스럽고 힘든 것은 되돌릴 수 없고 대체할 수 없기 때문이다. 프랭클이 주장한 것처럼 인간은 최악의 상황에서도 그 상황을 자신과 분리해서 고통에서 벗어나게 되는데 이를 의미의 발견(finding meaning)이라 한다. 즉, 모든 고통은 의미가 있으며 이때 의미는 죽음과 같은 고통에 대한 적극적인 태도나 초월적인 자세를 특징으로 한다. 인간은 고통 때문에 절망하는 것이 아니라 그 사건에서 의미를 발견하지 못하거나 노력을 포기했기에 고통스럽다는 것이다.

이러한 측면에서 사별 경험에 따른 비탄 경험을 극복하는 모델로써 삶의 중요한 문제에 봉착한 사람들은 그 문제에 적응하고 회복하기 위해 의미를 추구하고 의미를 발견하며 의미를 부여하고 의미를 실행하는 경향성을 보인다. 이처럼 삶의 위기에서 의미를 추구하는 이유는 무엇인가. 극한적인 상황에서 왜 인간은 의미를 추구하는가? 이에 대한 다양한 논의들이 있는데 주요한 논의를 살펴보면 다음과 같다.

첫째, 클링거(Klinger)는 인간이 의미를 추구하는 것은 생존의 필요성으로 원래부터 관련 목표를 추구하도록 설계되었기 때문이라고 한다.

둘째, 바움메스터(Baumeister)는 삶의 목적과 가치 추구를 통해 효능감과 자기 가치감을 느끼기에 하나라도 충족될 경우 의미감을 느낄 수 있다고 한다.

셋째, 하이네, 프록쓰, 보우(Heine, Proulx, & Vohs)는 죽음 불안에 대처하고 자기 보호를 위해 의미를 재구성하는데 이는 불안정한 삶에 안정성을 부여해준다는 것이다.

넷째, 호로비츠(Horowitz)는 의미의 추구를 피아제(Piaget)의 동화와 조절의 개념으로 설명하였다.

다섯째, 테일러(Talor)는 고통의 힘이 의미 부여의 욕구를 자극하므로 목적을 발견하고 통제감을 얻을 때 자기 가치감을 강화할 수 있다고 주장하였다.

여섯째, 마호니(Mahoney)는 사별로 인해 개인의 신념 체계가 근본부터 흔들렸기에 의미 만들기(meaning making)를 통해 새로운 신념 체계를 만드는 과정이라고 했다.

의미 재구성 모델(model of meaning reconstruction)

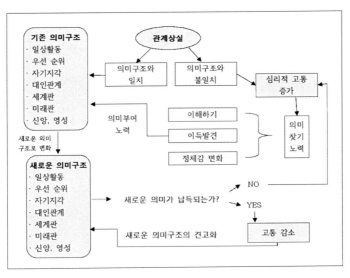

[그림 8] Neimeyer의 의미 재구성 모델

의미 재구성을 그림으로 나타내면 [그림 8]과 같다. 니마이어가 제안한 의미 재구성 모델은 각자의 의미 구조로 세상을 이해하고 해석한다는 것이다. 예를 들면 사별 경험에 대해 각자 의미 구조에 부합되지 않으면 비탄에 빠지거나, 이를 극복하고자 새롭게 의미를 찾는 동기가 생겨난다는 것이다.

니마이어는 죽음은 개인들에게는 기본 가정의 구성에 맞거나 맞지 않으며, 때로는 어떠한 구성도 갖고 있지 않은 완전히 새로운 경험일 수 있으며, 애도는 개인에게 독특한 과정이며, 애도는 개인에게 일어나는 것이 아니라 개인이 시행하는 적극적 과정이라고 하였다. 그에 따르면 이러한 의미 재구성은 남아 있는 사별 경험자의 삶에서 고인의 죽음에 대한 새로운 의미를 발견하고 다시 만드는 시도, 의미의 통합과 생성, 상호관계 안에서 개인으로서 의미를 만드는 과정, 문화적이고 개인적이며 이야기적인 문맥에서 의미 구성을 확고하게 하기, 암묵적이고 언어 이전인 동시에 명시적이고 명료한 의미, 의미 재구성 과정과 그것의 생성을 포함한다고 한다.

어떤 연구자들은 사별 경험에서 의미를 찾는 과정을 애도의 핵심 요소로 보았다. 이러한 치료적 접근에서는 의미 만들기 과정이 중요하다. 의미 만들기는 크게 두 가지 과정으로 나누는데, 의미 만들기(meaning making process)와 결과로서의 의미

(meaning made)로 나뉜다. 의미 만들기 과정에서는 사별 사건 자체를 이해하기, 사별 경험으로부터 이득 발견하기, 정체성과 세계관의 변화를 포함하는 3가지 활동을 하게 된다.

첫 번째 과정인 이해하기(sense making)는 협의의 의미 만들기로, 사별 경험을 기존의 도식 안에서 해석하거나 기존의 도식으로 이해할 수 없다면 새로운 도식을 만들어내는 것이다. 사별한 사람들이 사별에 의문을 제기하고 이해하는 과정으로 죽음의 이유가 무엇인지, 이토록 슬픔과 비탄을 느끼는 이유가 무엇인지, 사별 경험이 자신의 삶에 무엇을 의미하는지에 의문을 제기하고 그 해답을 찾는 과정이라 할 수 있다.

두 번째 과정인 이득의 발견(benefit finding)은 광의의 의미로 사별의 긍정성을 찾아내어 이를 확대하고 부정적 의미를 최소화하는 것이다. 즉, 이해하기는 사별 경험 자체를 이해하고 설명하는 것이고, 이익 찾기는 사별 경험에서 의미, 가치를 부여하는 것이라 할 수 있다. 이 과정을 통해 삶을 성찰할 수 있으며 사별에 대한 의미를 새롭게 구성하는 데 중요한 수단이 된다. 하지만 이득의 발견은 사별 직후는 어렵고 시간이 흐른 뒤에 가능하다.

세 번째 과정으로 정체성 변화(self-identity change)와 세계관의 변화가 생기는데, 새로운 가정 아래 새로운 의미 구조는 일상생활과 대인관계, 자기지각, 세계관 등의 변화를 불러온다는 것이다.

이러한 과정을 통해 삶의 영역에서 많은 변화를 초래하는데 일상생활과 우선순위의 변화, 자기지각과 개인적 정체감 형성, 대인관계의 변화, 미래에 대한 견해의 변화, 세상에 대한 견해의 변화, 사회적 공동체 참여 행동 등의 변화를 가져오게 된다.

[사례]

혜경(가명) 씨는 40대 초반 갑작스런 남편의 자살로 혼돈 속에서 매일 술과 울음으로 한동안을 보냈다. 남편과는 30대 초반에 만나서 열정보다는 편안함에 끌렸고 결혼도 하게 되었다. 혜경 씨는 중학교 교사였고 남편은 고등학교 교사여서 서로의 공통 관심사가 많았고 많은 것들을 챙겨주는 관계였으며 두 아들을 두면서 평온한 삶을 누렸다. 그런데 남편이 왜 극단적인 선택을 하게 되었는지, 그리고 그 비극의 주인공이 내가 되어야 하는지 매일매일 혼돈의 상황에서 상실의 의미를 찾아 헤맸다.

하지만 그 의미를 발견할 수 없었고 자신도 모든 것을 포기하는 것이 낫다는 생각에 빠져 있을 때 애도 전문가를 만나고 마지막으로 상담이라도 받으라는 말에 그 말을 전한 사람의 마음을 생각해서 별 기대 없이 애도 전문가를 만났다. 그 전문가는 말없이 혜경 씨의 말에 눈물을 짓고 무엇이든 가능하다면 지금 마음속의 이야기를 표현하라고 했다. 어떻게 만났고, 어떻게 살았으며, 그 마지막에 기억나는 것들을 빠짐없이 드러내면서 이야기를 했다. 한편의 모노드라마처럼 울다가 웃다가 고함을 지르다가 삶의 이야기를 풀어내었다.

그때 퍼뜩 깨달아지는 것이 있었다. 남편에게 얼마나 기대면서 살아왔는지, 얼마나 사랑했는지를 알게 되었다. 또한 두 아들이 눈에 들어오기 시작했다. "이제 내 새끼들도 돌봐줘야지"라는 말을 중얼거리는 것을 듣고 깜짝 놀랐다. 그리고 마음속에서 남편에 대한 기억을 하나씩 글로 써보고 싶어졌다. 자신의 이야기를 통해 지금 상실의 슬픔으로 고통을 겪는 사람들이 애도 여행을 할 수 있다면 무의미함 속에서 그나마 작은 의미라도 발견할 수 있지 않을까 생각을 했다.

제8장

/

애도 상담과 치료

누구도 슬픔이 두려움과 같은 느낌이라고
나에게 말해주지 않았다.

- 루이스(C. S. Lewis), 『헤아려본 슬픔』 중에서

애도 과정에서 사람들은 고립감이나 정체성 상실을 경험한다. 이러한 애도 과정에 도움을 줄 수 있는 방법으로 애도 상담과 애도 치료가 있다. 전통적으로 상담은 덜 구조화되고 덜 형식적인 특성을 갖는 것으로 개인이나 집단을 대상으로 하고, 치료는 특정 장애를 보이는 대상으로 특정 훈련을 받은 사람들을 통해서 한다는 특징이 있다.

1. 돌봄 전략의 연속 체계

　상담은 다양한 의미로 사용되지만 보통 어느 한 사람이 타인에게 도움을 제공하는 것이 관계의 초점이 되는 상황을 말한다. 실제 애도 상담에서도 핵심은 필요로 하는 도움을 제공하는 방법에 있다. 즉, 애도 상담은 사별 경험으로 인해 돌봄을 제공하는 사람들이 도움을 필요로 하는 내담자들의 의사결정 과정이나 현재 처한 역경에 대한 대처 방안을 탐색하는 과정을 돕고 스스로 역량을 강화하는 과정을 의미한다.

　여기서 도움을 다양한 반응 방식의 연속 체계로 보는 것이 유용하다(그림 9).

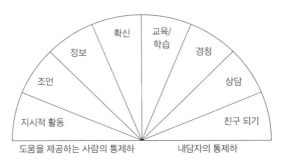

[그림 9] 도움 전략의 연속 체계

왼쪽의 끝은 도움을 제공하는 사람이 좀 더 통제력을 갖고 내담자를 돕는 방식이다. 직접적인 지시적 활동, 조언, 정보, 확신을 제공하는 등의 전략을 사용하고 전문가들의 지식과 경험을 주로 사용한다.

오른쪽 끝은 내담자가 좀 더 통제력을 갖고 전문가는 역량을 강화하는 역할을 담당한다. 친구 되기, 상담, 경청, 교육, 학습 등의 전략을 사용하지만 내담자에게 확신을 주면서 이를 사용할 때만 효과성을 발휘할 수 있다. 그저 단순하게 "걱정 마세요", "좋아질 거예요"라는 말은 내담자에게 안심을 주지 못한다. 이중 '친구 되기'는 사별 경험이 주는 독특성에 기인한 것으로, 좀 더 상호적이고 공유적인 요소를 가지면 개방적이고 더 포괄적이다. '친구 되기'는 비록 제한적이기는 하지만 상당 기간 동안 지속되기도 한다.

물론 이러한 돌봄 전략의 연속 체계는 내담자의 요구, 도움을 제공하는 상담자의 기술과 역할의 범주에 따라 각기 다른 시기에 제공된다. 물론 상담자들이 한두 가지의 전략에만 집중되어 도움을 주는 것은 전문가로서 온전한 효력을 발휘할 수 없다.

또한 내담자에게 필요를 평가하는 능력은 모든 도움을 주는 전략의 기본이며, 효과적인 대인관계 기술이 뒷받침될 때라야 내담자의 필요에 대한 평가가 가능하다. 이를 위해 경청, 탐색, 명료화, 공감 반응과 같은 기초적인 상담의 기술을 필요로 한다.

2. 애도 상담과 애도 치료

현장에서는 상담과 치료라는 용어가 큰 구분 없이 자주 혼용해서 쓰이고 있다. 하지만 일반적으로 치료(therapy)와 상담(counseling)을 구분하는 것이 필요하다. 이를 정리하면 다음과 같다(표 3).

	상담	치료
기본 철학	자아발달	정신건강
주요 관심	자아세계, 내면세계	심리적 장애
기본 목적	자아강도 돋움	정신질병 치료
주요 방법	촉진관계, 공감적 상담	진단, 처방, 치료면접
책임자	상담자	치료자
학문적 기초	인간과학	정신의학

[표 3] 상담과 치료

• **치료**는 적응적인 행동 변화와 개인적 문제의 완화 제거를 목적으로 한다. 예를 들면 급성, 만성의 정신적, 정서적 장

애를 가진 사람들의 치료, 회복, 재활의 공동 목적이 있고 현재와 과거의 행동을 탐색하는 데 초점을 둔다. 따라서 개인의 성격에 더 깊게 관여되고 좀 더 심각한 행동의 교정에 관심을 두고 있다.

• **상담**은 변화와 성장을 목적으로 한다. 예를 들면 직업, 교육, 개인적, 사회적 성장을 도모하는 개인으로 구성되며, '지금, 여기'에 초점을 둔다. 의식적인 것에 초점을 두고 이를 더욱 중시한다.

이러한 측면을 애도에 대입하면 '애도 상담(grief counseling)'은 남은 자들로 하여금 정상적이거나 마무리되지 않은 사별 슬픔을 애도할 수 있도록 하여 합리적인 시간의 틀 안에서 건강하게 완결되도록 촉진하는 것과 연관된다. 하지만 '애도 치료(grief therapy)'는 비정상적이거나 혹은 여전히 완결되지 않고 남아 있는 사별 슬픔의 반응을 해소하는 데 사용될 특수한 기술을 뜻한다(Worden, 2002).

'시간이 치유하는 것이 아니라 슬퍼하는 것이 치유한다'라는 Anon의 말처럼 애도는 자연스러운 과정이고 누구에 의해서도 방해받아서는 안 된다. 대부분의 사람들은 며칠간의 장례식을 통해 고인을 기억하면서 함께 슬퍼한다. 내담자는 조문객의 위로나 상장례나 종교의식을 통하여 고인에 대한 의미와 희망을 찾게 된다. 하지만 모든 의례가 끝나고 나면 남아 있는 가족들은 자신들의 애도를 해야 한다.

오늘날 애도 과업을 감당하지 못하는 사람들은 자신의 생각, 감정, 행동, 대인관계 등에 적절하게 대처하지 못해 전문적인 상담을 구하고 있다. 특히 사별 슬픔을 적절하게 해소하지 못하는 사람일수록 더욱 그러하다. 물론 애도 상담이나 애도 치료에 대해 비판적인 견해를 유지하면서 그대로 놔두라는 전통적인 방식도 있지만 분명한 것은 치료적인 개입을 통한 애도 상담이나 애도 치료가 전통적인 방식보다는 훨씬 효과가 있다는 것이다.

3. 애도 상담의 원리

애도 상담은 내담자의 미해결된 애도 과정을 완결할 수 있도록 돕고, 고인과 well-bye 할 수 있도록 돕는 것을 목적으로 한다. 상담 과정에 반드시 고려되어야 할 몇 가지 원리를 정리하면 다음과 같다.

첫째, 애도 상담은 전문 상담자에 의해서 제공되는 전문적 활동이다. 사별 후 경험하는 것은 어떤 시각으로 보느냐에 따라서 병리적으로 보일 수도 있다. 하지만 숙련된 애도 상담 전문가들이 개입하게 되면 병리적인 것으로 취급하여 발생하는 위험은 없어지게 된다. 전문 상담자들은 사별과 상담에 대한 전문적 지식과 기술, 인간적 자질과 윤리적 강령에 기초하여 전문적 개입을 해야 한다.

둘째, 애도 상담은 내담자가 사별 슬픔을 잘 견디고 회복할 수 있도록 도우면서 내담자의 자율성을 향해 나가야 한다. 내담자는 사별 경험에 따른 도움을 구하려고 상담에 왔지만 상담자로부터 존중받기를 원한다. 실제 상담에 오기까지 많은 시도를 했음을 인정해야 한다. 따라서 상담자는 내담자 스스로 결정하고 처리할 수 있는 자율적 존재임을 인정하며, 내담자가 이를 견딜 수 있는 능력과 스스로의 행동에 책임질 것을 기대하고 존중해야 한다.

셋째, 애도 상담은 상담자와 내담자의 관계에 기초를 둔 과정으로 수용, 공감, 일치성에 기초해야 한다. 상담 관계는 상담의 성과를 가장 잘 예측할 수 있는 요인이며, 상담자와 내담자의 인간관계에 기초한다. 실제 상담 관계인 촉진적 혹은 치료적 상담 관계가 올바르게 형성되지 않으면 상담의 효율적인 진행은 불가능하다. 이를 위해 상담 관계의 3가지 측면, 유대감(연결되어 있다는 강한 느낌, 공감대와 공유된 이해), 상담 목표(내담자가 변화해야 할 부분에 대한 동의 및 공동 노력), 공동 작업(상담이 어떻게 진행될 것인지에 대한 합의 및 공동 참여)을 고려해야 한다.

넷째, 애도 상담은 사별 슬픔에서 벗어나 이후 생활에서 의사결정과 문제 해결에 관여하며 변화된 환경에 적응할 수 있도록 돕는 것에 목적을 둔다. 상담은 구체적 목적을 가지고 있을 때 효과가 있다. 예를 들면 내담자가 고인과의 관계가 소원했거나 해결하지 못한 경우나 떠나고 난 이후에도 진정한 사과나 화해를 하지 못하였다면 내담자와 함께 이를 구체화하여 애도 상담 목표를 수립하여 상담을 진행해야 한다. 일반적으로 고인이 운명한 상황과 내담자의 반응이 각각 다름을 고려하여 내담자와 함께 애도 상담 목표를 수립하는 것이 바람직하다.

다섯째, 애도 상담은 윤리적 상담에 근거하여 실행해야 한다. 상담에서 윤리적 상담은 내담자를 돕고 이롭게 하지만, 비윤리적 상담은 상담자를 이롭게 하는 것이다. 이를 위해 Kitchener(1984)는 기본윤리의 원칙으로 자율성 존중(respect of autonomy), 선의(beneficence), 비유해성(nonmaleficence), 공정성(justice), 충실성(fidelity)을 제안했다. 상담자들은 윤리 상담 5원칙을 기초로 상담 관련 학회의 공식적인 윤리 강령에 의거하여 진행해야 한다.

4. 애도 상담과 치료의 목표

애도 상담과 치료의 목표는 현재 내담자에게 당면한 문제를 해결하고 갈등을 해소하며 궁극적으로 내담자가 처한 상황에 잘 적응할 수 있도록 돕는 것이다. 이를 구체적으로 애도 상담과 치료로 구분하여 정리하면 다음과 같다.

애도 상담 목표

- 상실에 대해 이야기하도록 도와 상실을 받아들이도록 돕기
- 상실과 관련한 감정을 알아차리고 표현하도록 돕기
- 고인 없이 살고 혼자 의사결정을 할 수 있도록 돕기
- 고인과 정서적으로 분리하고 새로운 관계를 시작하도록 돕기
- 기념일 등 중요한 시기에 애도에 집중할 수 있도록 지지하고 시간을 할애하기
- 정상적인 애도와 애도의 개인차 설명하기

- 지속적으로 지원하기
- 자신의 대처 방식을 이해하도록 돕기
- 대처 중에 발생할 수 있는 문제를 파악하고 필요 시 전문적인 치료 권고하기

애도 치료 목표

- 고통스러운 애도 관련 변화를 겪고 표현하며 조절할 수 있는 능력 개발하기
- 고통스러운 변화에 효과적으로 대처할 수 있는 방법을 찾기
- 고인과 지속적인 관계 맺기
- 건강을 챙기고 신체 기능을 유지하기
- 관계를 회복하고 애도의 슬픔을 타인들이 공감하기 어려울 수 있음을 이해하기
- 자신과 세계에 대한 건강한 이미지 계발하기

5. 애도 상담 대상

애도 상담의 대상지를 선정하는 방법은 여러 가지가 있으나 일반적으로 3가지로 나눌 수 있다.

첫째는, 애도 상담은 남아 있는 유가족 모두를 애도 상담 대상으로 다루어야 한다는 것이다. 이는 사별 경험은 고인과 관련된 모든 사람에게 상처를 주는 사건이므로 이에 관련된 모든 사람에게 상담적 개입을 통해 상처에서 회복하도록 해야 한다는 입장이다. 하지만 이는 비용이나 제반 요소의 제약으로 관련된 유가족 모두에게 필요할까 하는 의문이 들게 한다(Worden, 1996).

둘째는, 사람들이 사별을 적절히 애도하기 위해 도움이 필요하나 그들이 어려움에 진입할 때까지 기다려보고 나서 도움이 필요할 때 이들을 대상으로 도움을 주어야 한다는 것이다. 이는 유가족 개개인이 어느 정도 고통을 겪고 난 다음에야 이루어지는 것으로 첫 번째보다는 비용적인 면에서 효과적이다. 실제 자발적으로 애도 상담을 요청하는 사람들이 수동적으로 애도 상담을 받은 사람들보다 좋은 결과가 많은 것으로 보고하고 있다(Stroebe et al., 2001).

셋째는 예방에 기초를 둔 접근법으로, 누구나 사별한 지 1~2년 뒤에 어려움을 겪게 되며 아직 해결하지 못한 정신적·신체적 증상에 대한 애도 과업에 개입하여 다양한 증상들을 탐색하여 미리 예방하는 애도 상담을 실시하는 것이다. 이는 부정적인 애도의 예방에 역점을 둔 가장 이상적인 방법으로, 사별 슬픔 후유증의 주요한 조짐을 보이는 요소들이 확인된 이들에게 예방적인 접근으로 개입하는 것이다. 하지만 이에 대한 충분한 연구가 기초가 되어야 함이 전제이다.

6. 애도 상담자의 3가지 역량

파크스(Parkes, 1980)는 애도 상담자의 기본적인 세 가지 역량을 제시하였다.

첫째, 정신적·신체적으로 심각한 상실을 경험하고 있는 내담자에 대한 상담과 지지를 위하여 훈련된 심리 전문가, 의사, 간호사, 사회사업가 등에 의한 전문적인 돌봄 활동이다. 돌봄 활동은 개인 상담이나 집단 상담으로 진행할 수 있다.

둘째, 전문가로부터 전문적인 훈련을 받아 선발된 자원봉사자에 의한 돌봄 서비스이다.

셋째, 애도와 관련된 자조 집단에서 내담자끼리 전문가들에게 훈련을 받았거나, 애도 과정을 극복한 집단원들이 다른 내담자들에게 도움을 제공하는 것이다. 이러한 애도 상담 서비스는 개인 상담 또는 집단 상담 형태로 제공한다.

7. 상담 관계

상담 관계는 내담자의 변화가 일어나는 장으로 분명한 목표와 목적을 갖는다. 특히 상담자의 관계 능력을 통해 내담자의 변화가 일어난다. 로저스(C. Rogers)는 인간 중심적 상담의 기본 요소로 수용적 존중, 공감적 이해, 진솔성의 상담자 태도를 강조하였다.

또한 상담 관계는 내담자의 가치, 기대, 욕구, 문화 등에서 이루어지기도 하며 상담 관계를 통해 효율적 시간 내에 상담을 실시하고 상담 과정에서 다양한 행동을 다루며 감정의 표현과 탐색에 초점을 둔다.

수용적 존중

상담자가 내담자를 대할 때에 그가 자신의 문제를 스스로 해결할 수 있는 능력을 가지고 있다고 믿지 못한다면 그를 도울 수가 없다. 따라서 내담자의 독특한 개성과 자질을 이해함에 따라 그를 존중하는 마음이 상담자에게 생기게 된다. 내담자가 삶의 여러 측면에서 노력하고 있는 모습을 발견하게 될 때 그를 존중하는 마음이 증가하게 되는 것이다. 효과적으로 관심을 기울이고 내담자의 능력에 대해 믿음을 표현함으로써 상담자는 내담자에 대한 존중을 나타낼 수 있다.

물론 상담을 하다 보면 상담자와 의견이 다른 내담자를 만나게 된다. 이럴 때 상담자는 내담자의 의견에 동의하지 않을 수 있다. 하지만 이는 내담자를 거부하는 것과는 구별된다. 상담자는 내담자의 의견에는 동의하지 않을 수 있지만 하나의 인격체로서 내담자에 대한 존중을 표현해야 한다.

물론 덮어놓고 받아들이라는 것은 아니다. 반대 의견을 전달할 경우에라도 내담자를 인격적으로 수용하고 있다는 것을 전달해야 한다. 반대 의견의 표현과 인격적 거부가 서로 다르다는 점을 내담자에게 깨닫게 하는 것은 그 자체가 내담자의 성장을 촉진하는 것이다.

가장 깊은 수준의 수용적 존중은 내담자에게 한 인간으로서의 가치와 자유인으로서의 잠재력에 대해 매우 깊은 긍정적인 존중을 전달하는 수준의 대화이다.

다음과 같은 방법으로 존중을 전달할 수 있다.

- 이름과 역할을 밝히며 자신을 소개하기
- 내담자가 무엇이라고 불리고 싶은지 알아보기
- 이름 기억하기
- 이용 가능한 시간에 대해 언급하기
- 온전하게 주의 기울이기
- 경청하기
- 말하는 도중에 방해하거나 끼어들지 않기
- 성급한 결론을 내리거나 비판적이지 않기
- 내담자 스스로 결정을 내릴 수 있도록 돕기

공감적 이해

공감적 이해란 상담자가 내담자의 감정과 경험을 정확하고 민감하게 이해하는 것을 말한다. 이때 '공감적'이라는 것은 내담자가 말하는(관찰될 수 있는) 것에서 그의 감정, 태도 및 신념 등(잘 관찰될 수 없는 것)에 대하여 정확하게 의미를 포착하는 것으로 풀이할 수 있다.

그런데 이때 중요한 것은 상담자의 공감이 아니라 상담자가 공감한 바를 내담자에게 전달하는 것이 내담자를 통찰로 이끄는 핵심이다. 상담자는 내담자의 생각과 느낌을 내담자에게 다시 되돌려줌으로써 내담자가 자신의 감정이나 욕구에 대해 좀 더 뚜렷하게 알게 해준다. 이런 방식으로 내담자는 상담자의 공감적 이해를 통해서 자신에 대한 자각을 넓힐 수 있다. 이것을 비유적으로 표현하면 내담자가 자기 자신을 돌아볼 수 있도록 상담자가 거울이 되어준 것이라 할 수 있다. 내담자는 상담자라는 거울을 보고 자신에 대해 더 깊게 깨닫기 시작한다.

섬세하고 정확한 공감적 이해 능력을 위해 다음과 같은 두 가지 기초 요소가 있다.

첫째, 감수성의 차원으로 상담자가 내담자의 말속에 깔려 있는 중요한 감정, 태도, 신념, 가치 기준을 포착하는 것이다.

둘째, 커뮤니케이션 차원으로 상담자가 공감한 바를 내담자에게 알려주는 것이다. 아마도 전달의 과정보다는 감수성의 차원이 상담자로서는 더 어려운 부분일 것이다. 전달과 소통의 방식은 배우고 연습하면 어느 정도 가능하지만, 감수성의 문제는 어린 시절부터 꾸준히 키워야 하고 또 어느 정도는 선천적인 부분도 영향을 주기 때문이다.

공감은 섬세하고 정확해야 한다. 대충 공감하는 것으로 만족해서는 안 되는데, 내담자는 '대부분' 공감받은 느낌보다는 '한

두 부분' 공감받지 못한 느낌에 더 집중하기 때문이다. 상담자는 내담자의 감정을 감지하고 인식할 수 있는 단서를 놓치면 안 된다.

내담자를 이해하는 데 도움이 되는 단서는 당연히 내담자의 말과 행동이다. 말은 감정을 전달하는 수단이므로 상담자는 우선 내담자의 감정과 경험의 강도를 나타내는 말을 자세히 청취함으로써 내담자의 감정에 초점을 맞출 수 있다.

어떤 단어와 구절은 '신호등'처럼 불안 감정이 분명히 표시되기도 한다. '화가 났어요', '우울해요', '죄책감을 느껴요' 등의 표현을 했다면 감정을 분명히 표현한 것이다. 감정의 기본 성질은 같지만 조금씩 강도가 다른 표현들도 있다. 또 말하는 억양도 감정을 나타내는 중요 단서다.

내담자의 동작, 얼굴 표정, 눈의 초점, 손의 움직임, 의자에 앉아서 우물쭈물하는 것 등 내담자가 내보이는 모든 것이 감정을 이해하는 데 도움을 준다.

한 가지 주의할 것은 내담자에 따라 같은 감정이라도 표현에서는 다른 어휘를 사용하기도 하고 목소리의 억양이나 동작이 감정과는 다른 방향으로 나타날 수도 있다는 점이다. 어떤 내담자는 목소리가 작고 낮아지며 눈에 더 힘이 들어가기도 한다. 이렇게 분명히 관찰되는 감정과 언어 반응이 모순되는 것은 내담자에게 별도의 감정이 있거나, 자기방어적인 심리가 작용하기 때문이다.

공감의 방법에는 여러 가지가 있다.

- **재진술:** 내담자가 한 말을 메아리처럼 똑같이 반복해서 다시 말해주기
- **반영:** 직접 말하진 않았지만 말속에 숨어 있는 생각, 느낌을 언어적으로 표현
- **명료화:** 미처 깨닫지 못했거나 애매한 감정을 명확한 언어로 표현하기
- **미러링:** 타인의 행동을 거울처럼 반사하기
- **재명명:** 긍정적이거나 적절한 용어를 사용하여 새롭게 명칭을 부여하기 추가

진솔성

상담자의 진솔성은 무엇보다도 상담자가 상담자 역할을 하기보다는 한 인간으로서 좀 더 정직한 내면으로 내담자를 만나는 개방적인 태도를 의미한다. 따라서 이러한 진솔성은 상담자의

내면을 스스로 인정할 수 있는 진실성(authenticity)과 상담자가 말하고 행동하는 것이 그의 내면에 일어나는 실제적인 역동과 일치하는 일관성(congruence)을 포함하고 있다.

진솔성은 인간관계에서 말하는 단순한 솔직함보다는 더욱 깊은 의미가 담겨 있다. 이는 상담자가 자기분석의 과정을 통해 자신의 내면에서 증진된 민감성과 함께 적절한 의사소통의 기술이 겸비된 매우 성숙된 상담자적 자질인 동시에 상담자적 태도이다. 상담자적 자질로서의 솔직성이 담고 있는 몇 가지의 요소를 나누어 살펴보면 다음과 같다.

- 진솔성은 상담자 자신의 내면에서 끊임없이 역동적으로 일어나는 생각과 감정, 그리고 내담자와 관련된 자신의 행동과 태도에 대한 감수성 차원의 요소를 담고 있다.
- 진솔성은 상담자가 자신의 감정과 사고, 행동과 태도에 있어서 불일치를 인지하는 의식적 차원의 요소를 담고 있다.
- 진솔성은 상담자가 자신의 진정한 내면을 내담자에게 적절히 노출하는 자기 개방적 차원의 요소를 담고 있다.

상담자가 진솔성을 증진시키는 것은 단순한 기법의 훈련이기보다는 전인적인 자기 성숙의 과정으로서, '참자기'와 '이상적 자기'의 일치를 위한 과정이라 할 수 있다.

상담자의 진솔성을 증진하기 위한 방안으로 다음과 같은 것들이 있다.

- 상담자의 태도: 상담자의 마음가짐은 한계를 지닌 한 인간이 아픔이 있는 한 인간을 만난다는 겸허한 자세여야 한다.
- 자연스럽게 반응하기
- 우리의 신념, 감정에 대해 적절하게 이야기하기
- 자발적으로 행동하기
- 자신의 행동과 표현이 말과 일치되도록 하기
- 방어적이지 않기: 상담자가 돕는 자의 역할에 지나치게 집착하다 보면 상담자는 오히려 방어적인 태도를 취하게 되어 진정한 만남에 마주 서지 못하게 된다.
- 상담자가 일상적인 관계나 상담 관계에서 상대방으로 인해 어떤 느낌이 발생되었을 때 그 느낌을 그냥 지나치지 말고 느낌이 발생한 상황을 관조하듯이 구체적으로 묘사하고 그것과 연관된 느낌과 생각, 그리고 태도나 행동을 언어로 묘사하거나 기록해본다. 그 후 적절한 상황에서 상대방에게 나 전달법을 통해 표현해보고 이에 대한 자기 자신의 내면적 변화와 상대방의 반응을 주의 깊게 살펴본다.

상담 관계의 실제 조건

- 구체성: 문제에 대한 왜곡, 불일치를 스스로 파악하고 명확하게 생각하도록 돕는다.
- 따뜻함과 신뢰감: 관심과 배려를 전달하고, 상담과 상담자를 믿을 수 있도록 한다.
- 문화적 인식: 다양성과 배경에 대해 열린 마음으로 대한다.

8. 애도 상담 시기 및 장소

애도 상담의 시기

애도 상담의 시기는 일정하게 정해진 기준은 없다. 가족 중 한 사람이 아프기 시작하여 증상의 정도를 확인한 때, 어느 정도 예측이 가능한 결과를 인지한 때, 고인의 장례식이 진행된 때, 그리고 상실의 충격과 고통의 시기가 어느 정도 지나가면 애도 상담을 시작할 수 있다.

애도 상담 장소의 선정

애도 상담은 상담 환경이 갖추어진 상담실, 장례식장의 조용한 곳, 또는 내담자의 집 등에서도 할 수 있다. 내담자의 집에서 상담을 진행하는 경우에는 여러 가지 요인들을 고려할 수 있다.

내담자의 집에서 고인의 물건 등 유품, 사진, 생활환경을 살펴보면 상담에 응용할 수 있는 최적의 여건들이 갖추어져 있다. 그리고 내담자가 외부로 드러내고 싶지 않은 애도의 상황이거나, 자기의 모습을 개방하는 데 부담이 되면 가장 안전한 곳은 내담자가 사는 집이기도 하다.

9. 위기에 처한 사별자 식별하기

사별에 잘 대처하지 못하는 여성은 대체로 젊고, 가정에서 양육 중인 아이들이 있으며, 지원연결망을 형성하는 걸 도와줄 가까운 친척들이 근처에 살고 있지 않는 경향이 있다. 소심하고 의존적인 성격이며 고인에게 의존적이었거나 양가감정을 가졌거나 문화적, 가족적 성장 배경 때문에 자신의 감정을 표현하는 걸 억제한다. 분리를 매우 힘들어했고, 우울증의 과거력이 있을 수도 있다. 실제 사별의 2차적 스트레스로 수입의 상실, 이사하게 될 가능성, 그리고 아버지를 잃은 상실에 적응하려고 애쓰는 아이들과 겪는 어려움 등 추가적인 스트레스를 야기한다. 처음에 잘 대처하는 듯 보여도 강렬한 슬픔과 자기비난 또는 분노의 감정에 서서히 자리를 내어준다. 시간이 흐를수록 이러한 감정들이 줄어드는 게 아니라 그대로 유지되는 경향이 많다(Parkes & Weiss, 1983).

파커스와 바이스(1983)는 특별한 지원이 필요한 가족 구성원을 식별하기 위해 8개의 변수로 이루어진 사별위험지수

(bereavement risk index)를 사용하였다. 사별 4주 후에 실시하는 평가에서 다음과 같은 차원 중 몇 개가 존재할 경우, 그 사람은 개입이 필요한 것으로 판단된다. 그 내용은 다음과 같다.

- 가정에서 양육 중인 어린아이들이 많을 경우
- 사회계층이 낮을 경우
- 고용되어 있더라도 매우 빈약한 경우
- 높은 분노 수준
- 깊은 그리움
- 극심한 자기비난
- 현재 관계의 부재
- 지원요청 평가자에 의한 대처 능력 평가

복잡한 사별의 개념을 발전시키기 위한 시도의 일환으로, 프리거슨과 그의 동료들은 복잡성 비탄(ICG)척도를 개발했다 (1995). 이것은 애도자의 현재 상태와 경험을 평가할 수 있다.

제9장

/

슬픔 회복 방법

당신이 그 모든 슬픔을 이야기로 만들거나
그것에 관해 이야기할 수 있다면 견딜 수가 있다.

– 에밀 뒤르켐, 『이자크 디네션』 중에서

우리는 삶에서 다양한 형태의 상실을 경험한다. 특히 평생을 함께 살길 바랐던 사랑하는 사람과의 사별 초기 며칠은 정해진 의례 절차를 시행하느라 경황도 없고 분주하다. 이때 사별의 상황에 놓여 있는 그의 곁에서 고인을 함께 기억하고, 식사를 챙겨주거나 옆에 있어만 주어도 위로를 받는다. 하지만 모든 의식이 끝나고 일가친척과 지인들이 모두 돌아가면 낯선 환경에 홀로 던져진 자신을 느낀다.

함께했던 사람이 사라졌기에 일상생활이 뒤죽박죽되기도 하고, 깊은 공허함에 휩싸이기도 한다. 또 간혹 고인이 생각나고, 고통스럽고, 외롭고 우울하기도 하며, 슬픔에 빠지기도 한다.

이러한 경험은 소중한 사람의 상실에 대한 적응을 위한 정상적인 부분이며, 개인의 차이가 있다. 하지만 사별과 함께 계속되는 삶에서 슬픔을 회복하는 데 어려움을 겪는다면 성직자, 의사, 상담사, 지지지 집단, 애도 전문가 등을 찾기를 권한다. 이러한 전문적인 도움은 자신의 애도와 삶을 재구축하는 데 바람직한 방법의 하나이다. 애도 과정에 있는 사람들을 위한 슬픔을 치유하는 방법에 대해 알아보고자 한다.

1. 건강한 애도 관련 요소

애도를 한다고 고인이 다시 살아 돌아오지 않는다. 애도 후 상실 이전의 나로 돌아갈 수 없는 것도 분명하다.

나는 상실을 경험했으며 고인은 더 이상 내 곁에 없다. 우리가 할 수 있는 것은 돌아가는 것이 아니라 새로운 나로 살아가는 것이다. 새로운 나에게는 분명 상실의 그림자가 드리울 수밖에 없다. 그럼에도 불구하고 나는 살아가고 있으며 이전의 내가 아닌 새로운 주체로 탄생하는 과정인 것이다.

이를 위해 몇 가지 치료적 요소를 살펴보면 다음과 같다.

드러내기

상실 후 다양한 감정이 드러나는 것은 당연하다. '애도의 가장 좋은 방법은 슬퍼하기'라는 말이 있듯이 울고 싶을 때 맘껏 울 수 있도록 하는 것이 필요하다. 상실과 사별은 고인과 애도자와의 관계와 삶을 단절시켰지만 단절로 인한 내적 반응이 다양한 감정의 출현이기에 편하게 감정을 드러내게 하는 것이 단절을 막는 중요한 방법이다. 물론 좋은 감정도 마찬가지이다. 부정적인 감정도 괜찮고 긍정적인 감정도 수용하는 것이 매우 중요하다. 비록 지금 자신이 슬픔에 빠져 힘든 시간을 보내고 있지만 이 또한 애도의 과정에서 필수적인 요소임을 깨달을 때 자신에 대한 의지와 존중감이 생기고, 이것이 애도를 하는 데 중요한 힘이 된다.

관계망

상실 후 많은 사별자들은 자신의 삶을 복구하는 것이 힘들다고 생각한다. 더 이상 자신의 삶은 가치가 없다고 느낄 수 있으며 예전으로 돌아갈 수 없다고 생각하기에 그대로 자포자기한 상태가 되기도 한다. 그런데 온통 고인에게 관심과 초점을 두었다가 주변의 사람들을 보면서 자신의 기억과 감정을 담아주는 사람들의 관계를 통해 안정화된다. 자신의 극심한 고통과 감정을 나눌 수 있다면 삶에 대한 희망으로 안도감을 느낄 수 있다. 상실은 사랑을 통해 극복할 수 있다는 말이 있다. 주변의 안정적인 지지와 심리적 자원의 확보로 애도의 길에서 점차 한 걸음씩 나아가는 삶을 살아가게 된다는 것이다.

심리교육

심리교육은 치유 과정의 핵심이다. 사실 죽음에 대한 심리와 이후 사별자들이 겪게 되는 다양한 상황에 대한 질문들에 대해 어느 정도 나침판 역할을 담당한다. 가장 흔한 질문 중에 하나가 '하필 지금 나에게'라는 질문일 것이다. 어쩌면 충격 같은 현실에 이러한 질문들은 스스로를 보호하기 위한 방어 기제일 수도 있다. 그렇지만 이러한 질문들에 대한 정리 없이는 애도의 과정으로 나아가지 못한다. 이러한 질문들에 대해 다양한 상실과 애도의 심리와 이후 겪게 되는 과정을 설명함으로써 죽음과 상실의 역설을 이해하게 될 것이다.

실제 상실과 애도의 심리를 이해할 수 있는 방법들은 다양하다. 죽음 관련 책이나 게임을 통해 알아볼 수도 있고, 사람이 죽은 후 무슨 일이 일어났는지 그림이나 생각을 물어보거나 사랑하는 사람이 죽고 나타나는 감정 목록을 만들어보고 그려보는 것도 하나의 방법이다.

시간

시간은 애도 과정의 필수 요소이다. 사실 우리는 살아가면서 무수한 시간 속에 다양한 사건을 접한다. 시간이 흐른다고 해서 상실을 경험하며 생긴 상처를 완전히 치유할 수는 없지만 감정을 드러내고 관계망을 구축하면서 심리교육을 통해 스스로를 견뎌내고 앞으로 나아간다. 실제 많은 사별자들은 지금의 슬픔과 괴로움이 얼마나 지속될 것인지 궁금해한다.

물론 사별 슬픔은 관계적인 측면에서 핵심적 관계인지 아니면 주변적 관계인지에 따라 애도의 기간은 달라질 수 있다. 초기 사별자들은 감정의 압도에 파묻혀 사별 관련 사건과 주관적인 의미에 파묻혀 산다. 하지만 힘겹게 버텨내는 시간을 거치면서 시간의 흐름에 따라 정서적 해빙기를 거쳐 죽음에 대한 의미의 전환을 통해 핵심적 사건에서 주변적 사건 관계로 이동한다. 물론 애도 과정은 정확한 시간제한이 없다. 필요한 만큼 오랫동안 슬픔을 느낄 수 있도록 도와야 하는 시간이 필요할 뿐이다.

2. 슬픔 회복 방법

상실의 슬픔을 외부로 표출하는 애도에는 몇 가지 이유가 있다. 그 이유는 다음과 같다.

- 상실의 현실을 수용하기 위해서다.
- 애도 과정의 감정을 표출하기 위해서다.
- 고인과 새로운 유대관계를 구축하기 위해서다.
- 새로운 자아 정체감을 발전시키기 위해서다.
- 다른 사람들로부터 도움을 받기 위해서다.
- 의미를 통해 새로운 에너지를 투여하기 위해서다.

다음은 슬픔 회복에 유용하게 활용할 수 있는 상담 기법이다.

애도 상황을 환기시키는 표현

사별자는 애도 관련 감정 표현을 분명하게 해야 한다. 사별자가 고인의 상실을 인정하지 않을 때는 '남편은 돌아가셨다', 이제 남편을 잃었다'라는 사실에 대하여 고통스럽지만, 현실적인 말을 해야 한다. 사별자는 '남편은 돌아가셨지만 훌륭한 분이셨다'라는 표현과 같이 현재 상황을 과거형으로 표현하는 것이 더 큰 도움이 된다.

상징물 활용하기

사별자는 애도 과정에서 고인의 역사와 감각을 기억하도록 고인을 이해하는 것보다 사진, 자서전, 출판 서적, 집안 대대로 물려받은 소중한 물건, 평소 아끼던 물건 등의 상징물을 보면서 진행하는 것이 도움이 된다.

사별자는 고인의 사진을 보면서 아래와 같이 감정 상태를 고려하여 감정보다는 말로 표현하도록 질문한다.

• 고인은 사별자에게 어떤 사람이었는가?

- 고인은 사별자에게 어떠한 역할을 하였는가?
- 고인이 한 말 중에 사별자에게 가장 귀감이 되거나 기억나는 것은?
- 고인이 사별자의 가슴을 아프게 한 것은 무엇이었나?
- 사별자가 고인에게 가장 가슴 아프게 한 것은 무엇인가?
- 사별자가 고인에 대하여 후회하고 있는 일은 무엇인가?
- 고인이 옆에 있다면 꼭 하고 싶은 말은 무엇인가?
- 고인에게 사과하고 싶거나 화해하고 싶다면 그것은 무엇인가?
- 사진, 선물한 배경, 보관 사연, 상징물을 설명한다.

그림으로 표현하기

그림으로 표현하게 하기를 병행하는 것도 유용한 방법이다. 그림으로 표현하기 방법은 나이와 상관없이 다양한 연령층을 대상으로 진행할 수 있다는 장점이 있다. 특히 글로 표현하기가 어려운 사별자에게 그림으로 표현하기는 적절하다. 사별자에게 글로 표현하기를 주문하였으나 낙서만 하고 참여하지 않을 경우에는 그림 그리기가 좋다. 그림 그리기를 통해 사별자의 감정이 어느 정도 정리가 된 이후에 언어로 표현하는 것도 좋다.

역할 연기로 표현하기

사별자가 고인에 대하여 두려워하거나 어색해하면 미해결 과제의 핵심적인 요인을 찾아내기 위하여 상황을 설정한다. 사별자에게 각각의 역할을 분담하여 연기하도록 주문한다.

사별자는 '첫째, 누구의 역할을 하고 있는가? 둘째, 무엇이 내담자를 힘들게 하는가? 셋째, 어떻게 하면 이 문제가 해결되겠는가? 넷째, 누구에게 어떻게 전하고 싶은가?' 등의 질문을 하여 역할 연기 중에 답변하도록 한다. 이후 사별자가 표현하는데 두렵거나 어색한 것, 미해결된 문제들을 자연스럽게 탐색하여 해결하도록 한다.

인지적으로 재구성하기

사별자의 불쾌한 감정은 불합리한 생각으로부터 비롯된다. 사별자의 내재된 생각과 저장된 억압을 기공하지 않고 무의식적으로 표현하게 한다. 사별자가 생각하고 있는 내용을 말로 표현하게 하여 인지적으로 재구성한다. 다시 말하면 사람의 생각은 감정, 은밀한 생각이나 끊임없이 마음속에서 떠오르는 혼잣

말에 영향을 준다. 사별자의 생각들이 불합리하다는 것을 인지하도록 하여, 다른 생각으로 인하여 불쾌한 감정들을 완화해야한다.

회상록

사별자가 손쉽게 할 수 있는 활동은 자신들이 잊고 있던 추억들을 모아 회상록으로 만드는 것이다. 이 회상록은 가족들의 작은 모임, 사진, 시나 그림, 상징물 등으로 고인에 대한 추모 활동을 의미 있게 할 수 있다. 사별자는 아이들과 함께 회상록을 보면서 상실을 극복하고, 가족들의 성장을 촉진한다. 이러한 과정은 사별자에게 고인의 빈자리를 채워주고 변화된 생활에 적응하도록 통합시켜주는 데 기여한다.

빈 의자 기법 활용하기

사별자는 빈 의자에 앉아 있는 고인을 상상하고 고인에게 하고 싶은 말을 하게 한다. 빈 의자 기법은 사별자가 의자에 앉아 있는 고인과 직접 대화를 하게 하는 상담 기법이다.

대화의 내용은 사별자가 오해하고 있었던 일, 진심으로 사과하고 싶었던 일, 서로 화해하고 싶었던 일, 용서받고 싶었거나, 용서하고 싶은 것 등을 주제로 진행한다. 사별자는 고인이 의자에 앉아 있는 모습을 상상하고 바라보면서 하고 싶은 말을 하고, 고인의 입장에서 말할 경우에는 의자에 앉아서 서 있는 자신에게 말을 하게 하는 방법으로 진행한다.

전기(Biographies)

전기(傳記)는 중요한 사람의 삶을 기리는 전통적인 기법의 하나이다. 인물의 삶을 형성한 중요한 사건, 사람, 장소, 과업에 대한 설명을 제공하는 기록이다.

전기를 쓰는 데 정해진 형식은 없다. 접근 방식에 따라 결과물이 달라질 수 있다. 전기의 대상이 되는 사람에 대한 삶의 객관적인 사실 몇 가지를 적은 기록은 도움이 될 수 있지만 객관적인 연대기는 개인적 성장이나 치료적 탐색을 위한 도구로는 그리 도움이 되지 않는다.

치유될 수 있는 불안정한 작업을 수행하기 전에 자신의 취약성 수준을 고려하는 것이 중요하다. 전기는 관찰자의 관점에서 쓰기에 매우 다르게 보이는 사회적 구성이다. 필연적으로 발생하는 모순을 덮거나 매끄럽게 하려고 이야기를 너무 깔끔하게 마무리하려 하지 않는 것이 중요하다.

추억의 책(Memory Books)

사랑하는 고인을 기리는 방법으로 그 사람에 관한 생각, 감정, 기억을 스크랩북 형태로 기록하는 '추억의 책'을 만들어보는 것이다. 그 사람의 삶을 기념하는 물건의 사진도 포함할 수 있다. 추억의 책은 일반적으로 여러 사람과 더 쉽게 공유하거나, 같이 편집할 수 있는 기념물을 말한다. 추억의 책은 글을 쓰는 사람의 개인 취향에 따라 구성될 수 있으며, 삶의 마지막 전환에 초점을 맞춘다. 특정 회상이나 생각을 촉발할 수 있는 제목을 붙일 수 있다.

다음은 추억의 책을 제작하기 위한 몇 가지 기본적인 팁이다.

- 추억을 담기에 좋은 앨범을 고른다. 가능한 한 중성 용지와 장식들을 사용한다.

- 넣고 싶은 모든 자료를 수집한다. 엽서, 잡지에서 오려낸 단어, 사진, 특별한 시 등이다.
- 자연스럽게 진행 방향이 보일 때까지 수집한 항목을 다양하게 나열해본다. 연대순으로 정리할 수도 있고, 또 다른 주제가 떠오를 수 있다.
- 장식으로 쓸 스텐실, 스티커, 우표와 종이를 모은다.
- 한 페이지에 넣을 자료들을 고른다. 디자인이 당신에게 편안하다고 느껴질 때까지 자료들을 옮겨가며 배치해본다.
- 시간을 갖고 천천히 한다. '빈둥거리기'와 '만들기'에서 즐거움을 느낀다. 평생 덧붙이며 만들어가는 책이 될 수도 있다.

3. 애도적 개입으로서 회원재구성

마이어호프(Myerhoff, 1982)는 적극적으로 고인에 대한 이야기를 하는 것이 우리 삶을 더욱 풍부하게 함을 강조하였다. '애도 작업은 기억을 지우는 것보다 오히려 온전히 기억하여 그 기억을 유지하는 것이 회복과 안녕에 더 필요하다'라고 주장하였다(Myerhoff, 1982). 진정한 애도란 고인과의 기억을 분리하는 것이 아니라 오히려 고인을 더 생생하게 기억하고 고인과의 유대감을 유지함으로써 현재 삶 속에 고인과의 관계를 지속하도록 하는 것이 중요하다고 강조한다.

마이클 화이트(Michael White)는 『Saying hullo again: The incorporation of the lost relationship in the resolution of grief(White, 1998)』에서 고인을 다시 애도자의 삶에 불러들이는 이야기 방식을 설명한다. '경험을 다시 경험하기(Experience of experience)'는 '돌아가신 분의 눈으로 지금 당신을 본다면, 그가 당신에 대해 소중하게 여겼던 어떤 점을 당신도 같이 볼 수 있습니까?'라는 질문을 던진다(White, 1998).

사실 이야기는 삶에 일어나는 경험을 이해하기 위해서 필수적이다. Turner(1986)는 '삶의 경험은 우리가 말할 수 있는 이야기로 모두 다 표현해낼 수 없을 만큼 풍부하다'라고 주장하기도 한다.

회원재구성(re-membering)은 '특별한 양식의 기억을 지칭하는 것으로 여러 회원들을 다시 모으는 데에 주의를 기울이는 것'으로 정의할 수 있다(Myerhoff, 1982). 회원재구성 대화는 과거 인연을 맺었던 사람을 회원이라고 부르며 회원과의 만남의 유산이나 인격의 자원들, 소중한 가치들을 기억을 통하여 되살려내는 대화를 말한다. 회원의 재구성은 치료적 대화를 위한 새로운 가능성을 제공하는 과정으로, 자신의 인생에서 부정적이었던 사람들은 제명시키고 대신 좋은 영향을 미친 사람들을 기억해내고 영광스러운 회원으로 임명할 수 있다. 이는 자신이 선호하는 정체성 이야기를 더 풍성하게 만들 수 있게끔 도울 뿐 아니라 그들이 원하는 방식대로 행동할 수 있는 지지체계를 제공하게 해준다. 다른 사람들과의 관계를 통해서 정체성은 형성될 수 있기에 회원재구성 대화는 사람들의 정체성 형성에 중요한 영향을 미칠 수 있다.

애도 과정에서 회원은 애도와 관련된 고인이며 고인의 눈을 통하여 애도자에 대한 이야기를 발전시키는 것이다. 이때 중요한 것은 사실적인 보고보다 기억의 진실성이다. 과거를 다시 경험하도록 하는 이야기의 목적은 이야기 주인공의 긍정적인 자원들을 기억하여 현재 활용할 수 있도록 하기 위함이다. 이런 회원재구성 대화는 상실로 인해 어려움에 처한 사람들이 과거 여러 기억 중에서 의도적으로 그들의 자존감을 높여주거나 새로운 정체성을 풍부하게 구축하는 데 도움이 되는 방법이라 할 수 있다.

예기치 못했던 죽음, 원하지 않았던 죽음, 사회적 참사나 가족의 자살과 같은 불행한 죽음 등의 주제를 다루면서 이야기 치료는 애도자 삶의 유용한 지식과 기술들을 발견하고 이를 체화하도록 하는 것을 목표로 한다. 따라서 애도 과정에서도 사별자의 정체성과 삶에 대한 풍부한 대안적 이야기를 하는 것은 매우 중요한 이야기의 지향점이 될 수 있다. 이 과정을 통해 이야기 치료에서 애도 과정은 고인이 떠나도 그 사람과의 관계는 지속하게 하며 애도자의 삶을 풍부하게 하고 새로운 삶의 저작을 촉진하도록 한다. 이 과정을 통해 고인들이 남겨놓은 유형, 무형의 유산을 잘 활용하여 애도자들이 새로운 삶의 에너지를 얻을 수 있도록 돕는 것을 강조한다. 실제 이야기는 잠시 중단되었더라도 다시 이야기를 통해 불가능해 보이는 만남을 지속시켜줄 수 있는 방법 중 하나이다. 사랑하는 사람들에 대한 기억을 돌이키고 새로운 해석을 함으로써 사람들은 오히려 자신의 존재감을 되찾거나 삶의 질서를 얻을 수 있다.

제10장

/

사회적 애도와
코뮤니타스

매년 150만 명에 가까운 사람들이 가족을 잃는다. 대규모 참사, 사고, 급사 등 죽음의 방식이 매우 다양해지면서 갑자기 유가족이 된 사람들은 죽음과 사투를 벌이며 죽음의 진실이 밝혀질 때까지 해왔던 모든 것들을 내려놓고 현장에 뛰어들기 시작한다. 갑작스러운 비보에 지금까지 믿어왔던 세상이 뒤틀려 보이기 시작하고 아무런 준비 없이 떠나간 고인의 흔적을 찾기 위해 심연의 구렁텅이에 던져진다.

그러나 대중 미디어는 고인에 대해 간혹 통계처럼 보도하기도 하지만 유가족에게는 관심이 없다. 아무도 가르쳐주지 않았고 어떻게 해야 될지 모르는 애도에 대해 스스로 답을 찾아내며 새롭게 상실 이후의 삶을 재건하지 않으면 안 되는 사회적 재난과 애도에 대해 살펴보고자 한다.

1. 사회적 재난과 애도

재난은, 참사는 일어날 수 있다.

다만 진상을 규명하고 재발방지 대책이

마련되는 과정 자체가

유가족과 피해자들, 사회의 다른 구성원들에게

치유의 역할을 한다.

- 정혜승, 『정부가 없다』 중에서

한국 사회는 '재난의 일상화'라는 키워드로 설명할 수 있다. 주요 대형 사고들, 예를 들어 성수대교 붕괴, 삼풍백화점 붕괴, 세월호 침몰, 그리고 최근의 이태원 참사와 무안공항 항공기 참사 등은 국민에게 큰 충격을 주었고, 사회적 재난에 대한 인식을 보편화시켰다.

재난은 자연적 재난과 사회적 재난으로 분류한다. 자연적 재난은 불가항력적 요소에 의해 발생하는 반면, 사회적 재난은 인재(人災)에 의해 발생한다. 단순한 물리적 피해를 넘어 사회에 미친 충격의 정도가 큰 사건도 사회적 재난으로 규정될 수 있다. 여기에 질병으로 인한 참사도 사회적 재난의 한 형태로 볼 수 있다. 특히 코로나19는 단순한 질병을 넘어서서 사회적 재난으로 분류되며, 심리적·사회적 충격을 일으켰다. 많은 사람이 감염되고 사망했으며, 가족을 잃은 유가족들이 깊은 슬픔과 복합성 애도를 경험했다. 사회적 거리 두기와 격리 조치로 인해 전통적인 애도 방식이 제한되면서, 유가족들은 고립감을 더욱 강하게 느꼈다. 또한 팬데믹 동안 경제적 어려움, 사회적 불안 등 여러 문제가 겹치면서 심리적 스트레스가 가중되었다.

최근 한국에서 발생한 사회적 참사 중 가장 큰 사회적 충격을 준 사건들로 세월호 참사와 이태원 참사를 들 수 있다. 세월호 참사는 2014년 4월 16일 발생한 대형 참사로, 승객 304명(전체 탑승자 476명)의 사망 또는 실종이라는 인명 피해를 가져왔다. 유가족들은 복합성 애도를 경험하며, 10년 넘게 고통과 상실의 감정을 극복하지 못하고 있다. 세월호 참사 피해자를 지원하는 안산 정신건강 트라우마 센터의 2021년 실태조사에 따르면, 많은 유가족이 여전히 고위험군에 속해 있으며 심리적 어려움을 겪고 있는 것으로 나타난 바 있다.

재난으로 사랑하는 사람을 잃는 일은 갑작스럽고 잔인한 경험이며, 트라우마적 애도 과정에서 지속적인 상실을 경험할 수도 있다. 혼란스러운 상황 속에서 검시관의 조사, 보험 관련 처리, 이주 등 갑자기 처리해야 하는 다양한 상황에 직면하게 되고 정상적인 삶의 일상을 되찾기 위해 많은 절차를 수행해야한다. 또한 재난 후 애도 과정을 더 어렵게 만드는 다양한 상황이 있을 수 있다. 즉, 사랑하는 여러 사람들이 재난으로 동시에 사망한 경우, 수색 및 조사 과정이 길고 복잡한 경우, 유해를 찾을 수 없는 경우 등을 예로 들 수 있다.

재난으로 인한 애도의 특수성으로 사회적 애도를 들 수 있다. 애도는 개인 차원에서의 애도와 공공 영역에서의 사회적 애도로 나눌 수 있는데, 개인적인 애도가 상실에 대한 개인적인 슬픔의 표현이라면 사회적 애도는 사회 구성원이 영향을 받는 사건에 의해서 촉발되었다는 특징이 있고 사회적 차원에서의 추모와 애도, 의례화 등이 진행된다. 사회적 애도는 감정적인 슬픔을 넘어서 사회적인 참사에 대한 의미를 묻고 재발 방지에 대한 공동의 노력을 다짐하는 성찰을 포함하기도 한다.

사회적 애도의 주요 기능으로 사회적 트라우마에 대한 치유, 공동체의 연결성 강화, 타자의 범주 확대 및 공감 능력 강화를 들 수 있다(이경성, 2022). 사회적 애도는 개인의 슬픔을 공적인 애도의 형태로 변환시켜 고인에 대한 존경과 사랑을 외적으로 표현하게 하고, 슬픔과 상실이 공동체와 공유되며, 이 과정에서 치유를 경험하게 된다.

사회적인 참사를 직접 경험한 사람 이외에도 위에서 예로 든 세월호 사건과 이태원 참사 장면들을 장시간 바라보았던 사회 구성원들은 트라우마에 노출될 수밖에 없는 상황이었다. 사회적 애도는 이런 공동체적 트라우마를 치유할 수 있는 역할을 하며, 공동체의 가치관과 지향성을 돌아볼 수 있는 기회가 되기도 한다. 또한, 타인에게 일어난 일이지만 공동체적인 애도를 통해서 타인의 삶에 대해서 공감하는 계기로 작용한다.

사회적 참사로 인한 애도 과정을 위한 몇 가지 제언을 하고자 한다.

첫째, 사고의 원인 규명과 재발 방지를 위한 법·제도적인 변화나 인식의 전환이 필요하다. 이런 과정은 트라우마에 대한 사회적 치유와 애도를 통해 일상을 회복하기 위한 필수조건이다.

둘째, 참사의 사회적인 의미를 파악하고 피해자들에 대한 법적인 피해보상과 책임자 규명, 피해자들의 사회적 지위에 대한 회복이 필요하다.

셋째, 사회적 애도를 위해서는 적절한 형식을 통해서 애도 과정이 공적인 공간에서 가시화되어야 한다. 광화문에 설치되었던 세월호 추모의 공간이나 이태원 참사 희생자를 위한 추모 공간 등과 같이 공적인 공간에서 트라우마에 대한 공동체적 공감을 느끼는 등 희생자에 대해서 애도하는 과정이 치유에 도움이 된다.

넷째, 다른 종류의 애도와 마찬가지로 사회적 애도에도 시간이 필요함을 인정해야 한다. 최근 대형 사회적 참사를 경험하면서 애도의 정치화는 유가족과 피해자들의 애도를 방해하는 주요 요인이 되었고, 사회적 참사 피해자들에게 "그만 좀 하라!"라는 비난의 목소리가 나오기까지 했다. 애도를 위해서는 충분하게 자신의 감정을 보듬는 시간이 필요하며 정서적인 충격을 극복할 시간이 필요하다. 주변에서 재난 피해자들이 겪은 일을 과소평가하지 말고, 피해자들이 회복할 수 있는 시간을 갖고 대처할 수 있도록 지원해야 한다. 특히 한국 사회처럼 비극적인 사회적 참사가 반복되고 있는 사회의 경우, 사회적 애도를 통한 치유의 노력이 더욱 필요하다.

마지막으로, 애도 과정에서 생존자와 유가족 간의 네트워킹이 중요한 역할을 할 수 있다. 재난을 직간접적으로 경험한 사람들이 자신을 이해하고 받아주며 돌봐주는 사람들로 구성된 지원 체계를 확보하는 게 도움이 되며, 비슷한 상황에 놓인 이들의 모임이 애도 과정에서 큰 위로가 될 수 있다. 특히, 자발적인 동료 지지 그룹(Peer support group) 활동은 집단적 상실과 트라우마를 극복하고 재난 이후의 연결성, 사회적 지원 및 효능감을 증진하는 데 도움이 되며, 이런 사회적 지지와 연결감이 트라우마와 삶의 무력감을 극복하고 일상을 회복하는 데 중요한 역할을 할 수 있다.

2. 작은 장례식

장례를 어떻게 치르든, 사람이 죽으면 그걸로 이 세상과는 끝입니다.
끝이라는 말은 일단 숨을 거두면 이 세상과의 인연은 끝이라는 겁니다.
이미 떠난 사람에 대해서는 '이제 인연이 다했구나' 생각하고,
내 마음에서 보내주는 것이 가장 좋은 이별입니다.

- 법륜 스님, 「인생 수업」 중에서

시대의 변천에 따라 장례문화와 애도문화도 많이 바뀌고 있
다. 1970년대만 해도 대개 집에서 장례를 치르고 매장을 했지
만, 1980년대 이후부터는 장례식장에서 장례를 치르고 화장하
는 문화로 바뀌었다.

변화의 주기도 점점 짧아지고 있는 듯하다. 실제 일본에서는
3일장도 길다는 인식이 생겨 1일장, 심지어 반일장도 진행되고
있다고 한다.

장례 방법의 변화

장례식의 변화처럼 장례 방법도 변화되고 있다. 전통적인 방법인 매장에서 저출산 고령화, 사회경제적 여건의 변화 등으로 인해 화장으로 변화하고 있다. 최근에는 자연장을 선호하고 있는데 자연장은 고인의 유골을 화장 후 나무, 화초 등의 자연물 아래에 묻는 장법이다. 이는 자연을 훼손하지 않고 흙으로 돌아가기 때문에 친환경적이고 경제적 부담을 덜 수 있다는 장점이 있다.

스위스 취리히 '무기명 공설 수목장림'은 어떤 인공물도 없이 자연 그대로의 숲에 공동 추모목을 불특정 다수가 함께 사용하며, 독일 비스바덴 '수목장림'은 도심 속에서 인공 조형이 없이 자연의 한 부분을 수목장으로 활용하고 있다. 스웨덴 '미네스룬드(Minneslund) 무기명 공동 봉안 묘역'은 고인, 유족들에게 경제적 부담이나 사후관리의 부담이 없는 공동안장 방법을 취하고 있으며, 미국의 '우주장'은 고인의 유골과 DNA 등을 지구 상공, 달 표면, 우주 공간에 보내는 것으로 자연적 장사 방법이다. 우주장은 2017년부터 우리나라에서도 공식적으로 서비스가 시행되고 있다. 우리나라 자연장 방식으로는 수목장, 잔디장, 해양장, 화초장 등이 있다.

- 수목장: 소나무, 주목, 향나무 등 나무 주변에 유골을 묻는 방식
- 잔디장: 50~60센티미터 정도의 정사각형 면적에 유골을 묻고 잔디를 덮는 방식
- 화초장: 유골을 묻거나 뿌린 곳 주변에 다양한 꽃을 심어 정원 형태로 만드는 방식
- 해양장: 바다에 유골을 뿌리는 방식(인천, 부산, 포항)

작은 장례식

작은 장례식은 기존의 장례식과 달리 규모를 축소하여 진행하는 장례식을 말한다. 코로나19로 사회적 거리 두기, 집합 금지 조치가 시행되면서 비접촉 문화 등 우리 사회에 많은 변화를 불러왔다. 장례식장을 이용하는 조문객 수가 대폭 줄었으며 여러 형태의 장례식이 진행되었다. 스마트폰을 이용하여 위로 문자를 보내고 조의금을 계좌이체로 전하는 등 장례문화가 조금씩 변화되고 있다.

'장사 등에 관한 법률'에 의하면 사망 후 24시간이 지난 후에야 매장, 화장을 할 수 있지만 코로나19 팬데믹 초기 시기 '선

화장 후 장례' 조치로 기존 장례문화에 많은 변화가 있었다. 이는 코로나19 감염 확산 방지와 사회 불안 요인을 차단하고자 한 조치였으나, 이로 인해 장례의 통과의례인 '무염습', '무빈소' 장례가 나타났다.

많은 인원이 모일 수 없도록 하는 집합 금지는 가족과 가까운 지인들만 모이는 작은 장례식을 선호하게 만들었다. 작은 장례식은 일본에서 먼저 진행되었다고 한다. 고령화, 핵가족화를 겪고 있는 일본은 기존 장례식의 간소화로 가족장, 1일장 등이 늘어나는 추세라고 한다.

실제 일본은 장례식에 참석하는 사람이 감소하고 장례식 비용 부담 등으로 직장(直葬) 비율이 점차 늘어나고 있다. 드라이브 스루 조문, 첨단 묘인 하이테크 납골당의 출현 등 다양한 장례문화가 등장하고 있다.

일반적인 장례식은 3일장, 5일장으로 진행되며, 많은 조문객을 맞이하고, 음식을 준비하고, 빈소를 마련하는 등의 절차를 거치게 된다. 하지만 시대의 변화에 따라 핵가족화, 개인주의화, 초고령화 등으로 상주의 연령대가 높아져 경제적, 체력적인 부담으로 작은 장례식이 늘어나고 있다.

① 작은 장례식의 특징

작은 장례식은 다음과 같은 특징을 가지고 있다. 첫째, 작은 장례식은 규모를 축소하여 빈소를 차리지 않거나, 빈소를 차리 더라도 기간을 짧게 하는 경우가 많다. 둘째, 작은 장례식으로 음식 비용, 빈소 대여 비용 등이 절감되어 경제적 부담을 줄이고 있다. 셋째, 작은 장례식은 친환경적 특징으로 일회용품 사용을 최소화하고, 재활용이 가능한 물품을 사용하여 환경 보호에 기여하고 있다. 넷째, 작은 장례식은 가족 중심으로 가족과 친지, 가까운 지인들만 참석하여 조용하고 간소하게 진행하고 있다.

② 작은 장례식의 종류

작은 장례식은 가족의 상황과 선호도에 따라 다양한 방식으로 진행될 수 있으며 작은 장례식 종류에는 무빈소 장례, 1일 장, 가족장, 약식 장례가 있다.

- **무빈소 장례:** 빈소를 차리지 않고 진행하는 장례로 조문객을 따로 받지 않는 장례
- **1일장:** 장례 기간을 하루로 단축하여 진행하는 장례
- **가족장:** 가족과 친지, 가까운 지인들만 참석하여 조용하

고 간소하게 진행하는 장례로 빈소의 규모를 작게 하거나,

장례 기간을 짧게 하는 등 규모를 축소하여 진행

• **약식 장례:** 빈소를 차리지 않거나, 빈소를 차리더라도 기

간을 짧게 하는 등 규모를 축소하여 진행하는 장례

작은 장례식을 진행할 때는 적절한 방식을 선택하는 것이 중
요하며, 장례식을 진행하는 동안 고인을 추모하고 가족과 지인
들과 함께하는 시간을 가지는 것이 중요하다. 코로나19 이후에
변화되는 작은 장례식으로 인해 우리의 장례문화도 가족 중심
으로 변화할 것이라고 생각된다(양준석, 2022).

3. 애도 코뮤니타스

"사별하기 때문에 삶이 아름다운 것이 아닐까요?"

영화 '목숨'으로 유명한 다큐멘터리 감독 이창재 교수와 인터뷰를 하던 중에 그가 던진 말이다. 이 말의 의미가 무엇인지 궁금하기도 하고 의아하기도 했다. 죽는 것이 아름답다는 것일까, 죽음을 통해 아름다움이 발현된다는 것일까. 그에게 더 이상 묻진 않았지만, 그가 했던 말은 시간이 지나도 귓가에 오래 맴돌았다. 죽음 앞에 서면 뭔가 특별한 의미를 깨닫고 사는 것 같지만 삶을 아름답게 마무리하기란 쉽지 않은 일이기 때문이다.

사회문화의 변화에 따라 애도의 형식과 문화가 바뀌는 것은 자연스러운 현상일 것이다. 그러나 그 의미를 잃어버리면 어떻게 될까. 삶을 올바르게 직시하는 사람은 자신의 죽음을 진지하게 생각하기 마련이다. 인간의 '존엄성'이란 삶에만 국한되는 것이 아니라, 죽어가는 과정과 죽음의 전 과정에도 적용되기 때문이다. '죽음의 존엄성'이란 삶의 마지막을 평온하게, 인간적으로 맞는 의미를 포함하여 죽음을 성찰하는 삶 속에서 드러난다. 죽음이 생명과 함께하는 자연의 순리라는 것을 외면하고, 죄의 결과나 재수 없는 사건 또는 자신과는 상관이 없는 일이라고 생각한다면, 아무리 좋은 임종 시설에 있더라도 존엄한 죽음을 맞이하기는 어려울 것이다.

애도는 무엇일까. 기억하는 것이 아닐까. 우리는 장례를 통해 죽음을 경험하지만, 그것은 몸의 죽음일 뿐이다. 고인의 마음은 죽지 않고 남아 애도를 통해 그가 생전에 관계를 맺었던 사람들에게 저장된 기억을 통해 경험된다. 『존엄한 죽음의 문화사』의 저자인 구미래는 '존엄한 죽음'을 살아 있을 때는 죽음을 성찰하는 죽음 준비의 문화, 생의 마지막 순간에는 임종의 문화, 사후에는 마치 살아 있는 것처럼 대하는 애도의 문화라고 했다.

애도는 사랑하는 누군가를 잃었다는 고통스러운 마음, 외부 세계를 향한 관심의 상실, 사랑할 수 있는 능력의 상실로부터 시작되며 이에 따른 부정적 심리 상태를 경험하는 것을 의미한다. 시간이 흘러가면서 점차 슬픔과 고통을 딛고 기운을 회복하여 '대상 상실' 이후 '대상 포기'로 이어지는 과정을 마무리하고, 죽은 사람을 마침내 잘 떠나보내게 된다. 그래서 애도는 한마디로 기억에 대한 '웰바이(well-bye)'이다.

죽음은 누구나 죽을 수 있다는 당연한 사실을 상기시켰다.

죽음에 대한 불안과 공포는 사람들의 폐부에 각인되면서 죽음을 새롭게 인식하고 성찰해야 한다는 생각들이 확산되고 있다. 죽음의 기술을 회복하고 죽음을 준비하는 오랜 전통을 존중하며 애도의 공적 기능을 부각하며 끌어내야 할 때다. 이를 위해 애도 코뮤니타스(condolence communitas), 즉 애도 공동체를 구성하기 위한 몇 가지 제안을 한다.

첫째, 애도는 누구나 겪을 수밖에 없는 사별 슬픔에서 다시 삶의 기능을 회복하고 그 길 너머에 있는 또 다른 길을 가게 하는 성장과 성숙의 길이다. 진정한 애도란 고인을 떠나보내는 '망각'에서 시작하는 것이 아니라 '기억'을 통해 고인과 새로운 관계를 형성하는 것이다. 이를 위해 어떠한 죽음일지라도 유가족들이 애도 과정을 치를 수 있는 방안을 강구해야 한다.

둘째, 인간의 존엄성은 살아 있을 때나 죽어 있을 때나 존엄한 것이다. 죽어가는 사람들을 경제적인 가치에서 볼 것이 아니라 살아 있는 인간으로서 존엄하게 죽음을 맞이할 수 있도록 해야 한다. 이를 위해 팬데믹이나 재난으로 인한 죽음조차도 사회적으로 그 죽음을 기억하고, 죽음의 공적 기능을 부각하는 새로운 학습의 기회로 삼아야 한다.

셋째, 삶이 중요하고 존중받아야 하듯이 죽음 또한 중요하며 존중받아야 한다. 준비되지 않은 채 고인을 떠나보내야만 하는 유족들에게 사별 경험은 애도를 박탈당할까 봐 불안과 수치감에 사로잡히는 비극이었다. 어떠한 경우든 삶과 죽음에서 존엄함을 기억하며 배려하는 것도 함께 공유해야 한다.

지금의 시대를 재난의 시대라고 한다. 갑작스럽게 짧은 시간 내에 많은 사람의 생명을 위협하는 '재난'은 유족들에게는 '재난 사건 이전 시간'과 '그 이후 시간'으로 나누어진다고 한다. 사건 이후 유족은 이러한 분열 상태를 삶 속에 통합하기 어렵기에 일상적 삶을 유지하지 못하며, 자신들의 마음을 알아주지 못하면 스스로 생을 마감하거나 사회와 단절해버릴 수도 있다. 실제 참사와 같은 재난은 우리의 현재이며 우리의 미래가 될 가능성이 있기에 참사를 당한 유족 앞에서는 그저 지지한다는 마음으로 수용하고 함께해야 한다. 참사와 같은 재난은 상실과 사별을 전제로 하기에 비탄과 슬픔을 동반할 수밖에 없다. 상실과 사별은 누구나 원치 않는 감정이고 수용할 수 없기에 애도는 고인과의 기억으로 인해 유발되는 심리적 고통을 수반하게 된다. 하지만 애도의 고통은 심리적 문제만이 아니기에 외상적이고 비정상적 행위로 참사를 만들어낸 권력과 질서가 있음을 인식하게 될 때, 애도는 사회적인 차원의 투쟁으로 번지게 된다. 그래서 권력자들은 참사의 진상규명에 관심이 없고 사건을 은폐, 조작, 왜곡하는 일들을 서슴지 않는 것이다. 왜냐하면 이

사태의 본질에 자신들의 힘과 권력이 작동하여 일어났음을 스스로 직감적으로 알고 있기 때문이다.

이런 측면에서 수많은 참사와 집단 트라우마에 적절하게 대응하기 위해선 개인적 차원이 아닌 사회적 차원의 치유가 필요하다. 공동체 전체의 공감과 집단적 애도를 통해 트라우마적 사건의 원인을 성찰하고 재구축할 때 그 사건은 그 당시 시간과 장소에만 머물지 않고 현재의 시공간 속에서 함께 다뤄질 수 있다. 실제 수많은 보고를 통해 사회적 트라우마는 개인적 차원에서의 대응이 가능하지 않음을 보고하고 있다. 사회적 트라우마는 유대가 강한 집단이 오히려 가장 강력한 해독제를 제공한다고 한다. 즉, 사회적 트라우마는 개인내적 차원에만 머물지 말고 사회적, 문화적 치유의 과정으로 바라보고 다뤄질 필요가 있다는 것이다. 사회적 트라우마는 개인적인 작업의 방식인 사건-보상-의료적 치료의 방식에서 사건-집단애도-사회문화적 치유로의 방법론적 전환이 필요하다는 것이다.

유족들은 자신이 겪은 사별 경험을 이해하기 시작할 때 비로소 애도가 시작된다. 그 시간이 얼마나 될지는 아무도 모른다. 하지만 지난 역사에 우리는 수많은 사회적 트라우마에 대해 사회적 문화적 애도로서 트라우마를 양산하는 구조적 모순을 극복한 경험이 있다.

유족들의 슬픔을 개인의 문제로 환원시키려는 태도에 대해 시민사회를 중심으로 유족들의 슬픔에 공감하며 그 개별적인 슬픔을 사회적인 슬픔으로 바꾸어놓는다면 사회적 참사는 우리 사회를 바꾸고 변화시킬 고통이 될 것이며 그래야 비로소 고인들은 자신의 길로, 유족들은 애도의 길로 들어설 것이다. '애도 코뮤니타스(communitas)'를 통해 참사나 사회적 트라우마에 공감하고 참여한다면 유족들의 슬픔과 두려움에 새로운 희망을 심어주며 회복의 과정으로 나아갈 수 있을 것이다.

상실치유연구회 소개 -

상실치유와 애도 프로그램을 진행하는 '애도 코뮤니타스'다. 상실치유와 애도 관련 활동가들이 모여 2018년부터 연구, 실천, 교육 등의 활동을 시작했다. 각자 보유한 지식과 자산을 상호 소통하고 순환시킴으로써 개인과 공동체의 건강한 발전에 도움을 주고자 한다.

주요 활동은 다음과 같다. ① 상실치유 관련 국내외 서적 및 논문 정리 출판 사업, 번역 및 학술기관 공동작업 등 상실치유 이론 연구 ② 국내외 상실치유 애도 프로그램 현황 및 내용 분석 ③ 한국형 상실치유 교재 및 프로그램 개발, 상실치유 워크샵 및 프로그램 진행 등이다. 이외에도 다양한 연구 프로젝트 사업을 진행하고 있다.

www.maume.net

참고 문헌

『죽음의 심리학』, 권석만, 학지사, 2019.

『죽음 준비 교육 20강』, 김옥라 외, 샘솟는 기쁨, 2021.

『의미 수업』, 데이비드 케슬러 저, 박여진 역, 한국경제신문사, 2020.

『모든 상실에 대한 치유, 애도』, 데이비드 스위처 저, 최혜란 역, 학지사, 2011.

『상실과 슬픔의 치유』, 문종원, 바오로 딸, 2016.

『애도』, 베르나 카스트, 궁리, 2015.

『애도 상담』, 스테판 프리만 저, 이동훈·강영신 역, 사회평론아카데미, 2019.

『사람은 살던 대로 죽는다』, 양준석 외, 솔트앤씨드, 2018.

『코로나를 애도하다』, 양준석, 솔트앤씨드, 2022.

『상실 수업』, 엘리자베스 퀴블러-로스·데이비드 케슬러 저, 김소향 역, 인빅투스, 2014.

『애도의 이해와 개입』, 육성필·박혜옥·김순애, 박영스토리, 2019.

『애도와 상실』, 로버트 니마이어 저, 육성필·조윤정 역, 박영스토리, 2023.

『현대생사학개론』, 찰스 A. 코르·도나 M. 코르, 한림대학교 생사학 연구소, 박문사, 2018.

『이별한다는 것에 대하여』, 채정호, 생각 속의 집, 2014.

『애도 상담의 이론과 실제』, 최백만·김기연·이재풍, 해조음, 2021.

『죽음학 교본』, 한국싸나톨로지협회, 2023.

『슬픔 이후의 슬픔』. 호프 에덜먼 저, 김재경 역, 다산북스, 2021.

『애도의 여정에 동반하기』, 알렌 울펠트 저, 윤득형 역, KMC, 2021.

『애도 상담과 표현예술』, 바버라 톰슨·로버트 니마이어 편저, 유영권·박경은 공저, 학지사, 2020.

『존 볼비와 애착이론』, 제레미 홈즈 저, 이경숙 역, 학지사, 2005.

『상실 그리고 치유』, M. W. 히크먼 저, 이순영 역, 문예출판사, 2015.

『유족의 사별 슬픔 상담과 치료』, 윌리엄 워든 저, 이범수 역, 해조음, 2007.

『정부가 없다』, 정혜승, 메디치미디어, 2023.

「가족사별 중년여성의 애착유형이 역경 후 성장에 이르는 과정」, 양준석·유지영, 가족과 가족치료, 26(1): 49-76, 2018.

「사별 경험 중년여성의 역경 후 성장과 애도 프로그램 효과」, 양준석, 한림대학교 박사학위 논문, 2017.

「'사회적 애도하기'로서의 퍼포먼스」, 이경성, 연극교육연구 제40권 제40호, 2022.

「고령자 웰다잉을 위한 법제 개선 방안 (3) — 장사·장례 제도를 중심으로」, 이은상·권건보, 아주법학 17.4 (2024): 283-306, 2024.

「어렵사리 열린 사회적 애도의 문: 끝나지 않는 산 자들의 돌림노래」, 최예륜, 진보평론 80호, 2019.

「금기가 된 카니발과 애도의 위계: 우리는 왜 이태원 참사를 애도하지 못하고 있는가」, 이해수, 문화과학 제113호, 2023.

Neimeyer, Robert. A. 2002. Lessons of Loss: A Guide to Coping. New York: Routledge.

Stroebe M, Schut H. 1999. The Dual Process Model of Coping with Bereavement: Rationale and Description. Death Studies. 197-224.

Worden, J. W. 2002. Grief counseling and grief therapy: A handbook for the Mental health practitioner. New York: Springer.

'이제는 일본처럼 작은 장례식', 매일경제, 2023. 1. 12.

"하이테크 납골당'이 뜬다', 미래에셋, 2016. 2. 19.